예수께서 전파하신

영생의 비밀

예수께서 전파하신

영생의 비밀

Copyright ⓒ 새세대 2021

초판 발행 ㅣ 2021년 1월 13일

지은이 ㅣ 곽요셉
펴낸곳 ㅣ 도서출판 새세대
발행인 ㅣ 곽요셉
이메일 ㅣ churchgrowth@hanmail.net
홈페이지 ㅣ newgen.or.kr
출판등록 ㅣ 2009년 12월 18일 제20009-000055호
주소 ㅣ 경기도 성남시 분당구 정자동 210-1
전화 ㅣ 031)761-0338 팩스 031)761-1340

ISBN 979-11-88604-08-1 (03230)

예수께서 전파하신

✝

영생의
비밀

곽요셉 지음

도서
출판 **새세대**

서문

　예수님께서 이 땅에 오셔서 십자가에 죽으신 이유는 세상에 영생을 선물로 주시기 위해서였습니다. 예수님께서는 이 영생이 '하나님의 생명'이라고 하시며, 육체의 생명이나 예수 믿기 전에 갖고 있던 생명이 아니라고 하십니다. 이것은 새 생명이자, 천국 시민권자만이 가지고 있는 고귀한 생명입니다.

　그런데 오늘날 이 영생을 잘못 이해하여, 문자적으로 죽지 않는 영원한 생명이라고 생각합니다. 하지만 육체를 가진 모든 생명은 반드시 죽습니다. 또는 이 영생이 사후에 주어진다고 말하기도 합니다. 아닙니다. 영생을 가진 사람은 이 세상에서 복음적 생각과 방식을 따라 예수님의 마음으로 오늘을 살아갑니다.

성경이 이것을 증거하는데, 예수님은 육체를 입은 인간으로 오셨지만 육체에 이끌려 살지 않고 영생에 이끌려 사셨습니다. 예수님 자신이 영생으로 그 안에서 영생의 비밀을 나타내셨습니다. 또한 예수님을 구주로 고백한 사도들이 완전히 다른 인생을 살아간 것도 영생에 이끌렸기 때문입니다. 그리고 같은 방식으로 복음을 믿은 하나님의 자녀들이 거듭난 이후에 새로운 인생을 살아갑니다. 그래서 이들을 천국 시민권을 가진 사람이라고 불렀던 것입니다.

모든 그리스도인은 이 영생을 소유하고 살아갑니다. 하나님은 십자가에서 이루신 영생을 선물로 주시며, 영생을 가진 자 안에서 역사하기를 원하십니다. 하나님의 말씀을 들려주시고, 하나님과 함께 교제하며, 하나님과 동행하는 삶을 살며 하나님의 뜻이 그 안에 이루어지도록 역사하시기를 기뻐하십니다.

나는 영생을 가진 사람입니까? 그 영생이 무엇인지를 알고 세상의 질문에 답하며 지금 영생의 삶을 살아가고 있습니까? 오직 예수 그리스도 안에서 십자가의 복음을 증거하며, 영의 생각에 이끌려 살아가는 사람이 영생을 소유한 복음의 사람입니다.

예수께서 전파하신

영생의 비밀

차 례

01

영생의
비밀

예수께서 이 말씀을 하시고 눈을 들어 하늘을 우러러 이르시되 아버지여
때가 이르렀사오니 아들을 영화롭게 하사 아들로 아버지를 영화롭게 하게
하옵소서 아버지께서 아들에게 주신 모든 사람에게 영생을 주게 하시려고
만민을 다스리는 권세를 아들에게 주셨음이로소이다 영생은 곧 유일하신
참 하나님과 그가 보내신 자 예수 그리스도를 아는 것이니이다 아버지께
서 내게 하라고 주신 일을 내가 이루어 아버지를 이 세상에서 영화롭게 하
였사오니 아버지여 창세 전에 내가 아버지와 함께 가졌던 영화로써 지금
도 아버지와 함께 나를 영화롭게 하옵소서

- 요한복음 17:1-5

01

영생의 비밀

미국 일리노이 주에 있는 한 교도소에서 있었던 일입니다. 고난주간 목요일 밤에 목사님께서 재소자들에게 말씀을 전하고 있었습니다. 이 목사님이 그리스도의 죽음에 관하여 메시지를 선포하며 증거하다가 돌연 죄수들에게 이렇게 질문을 하였습니다. "여러분 생각에는 누가 예수님을 죽였습니까?" 그러자 한 사람이 대답합니다. "유대인들입니다." 또 다른 사람이 대답합니다. "군병들이 죽였습니다." 또 다른 사람이 말합니다. "빌라도가 죽인 거 아니겠습니까?" 어떤 사람은 "아니요. 가롯 유다가 죽인 거죠."라고 대답합니다. 그러나 목사님은 그 모든 대답이 틀렸다고 말했습니다. 그러자 죄수들이 물었습니다. "도대체 그럼 누가 죽인 겁니까?" 그때 목사님이 이렇게 대답했습니다. "그의 아버지가 그를 죽였습니다." 순간 침묵이 흘렀고, 목사님은 성경을 펴서 이사야 53장 10절 말씀을 읽었습니다. "여호와께서 그에게 상함을 받게 하시기를 원하사 질고를 당하게 하셨은즉…." 깊이 생각해 보시기 바랍니다.

하나님의 복음과 십자가

성도 여러분, 기독교의 복음은 우리를 위하여 행하신 하나님의 역사를 의미합니다. 하나님을 위하여 우리가 행한 어떤 선행이 아닙니다. 우리는 하나님의 복음을 믿음으로 구원받은 하나님의 자녀입니다. 구원의 사건은 그렇게 일어나는 것입니다. 하나님의 복음을 가감해서도 안 되고, 다른 복음을 믿어서도 안 됩니다. 우리의 희생적 헌신을 통해서 구원이 일어나는 것이 아닙니다. 하나님의 복음은 예수 그리스도입니다.

복음의 핵심이며 본질은 오직 예수 그리스도입니다. 오직 예수 그리스도 안에서 하나님께서 구원을 완성하시고, 구원의 진리를 완전하게 계시하셨기 때문입니다. 그래서 성경은 '하나님의 복음'을 '그리스도의 복음'이라고 선언하고 있습니다. 그런

관점에서 볼 때 십자가는 예수님의 활동의 절정입니다. 예수님의 활동의 완성은 오직 십자가입니다. 그래서 예수님께서 십자가에서 "다 이루었다!" 말씀하시는 것입니다. 그런 이유로 하나님의 복음을 성경은 '그리스도의 복음이다.'라고 선언합니다.

이제 생각해 보십시오. 기독교가 무엇인지, 기독교의 은혜와 진리가 무엇인지를 물을 때 그 기준은 오직 하나님의 복음이요, 그리스도의 복음이요, 십자가의 복음입니다. 그 외의 것이 아닙니다. 얼마나 많은 선행을 했느냐, 얼마나 많이 교회에 출석했느냐가 아닙니다. 누가 구원받은 그리스도인인지, 누가 천국 시민권을 가진 사람인지, 누가 그리스도 안에 있는 사람인지를 분별하는 시금석은 오직 십자가의 복음뿐입니다. 이것을 항상 기억해야 합니다.

남아프리카 공화국은 오래전부터 다이아몬드 생산으로 유명한 곳인데, 그곳의 광산 개발은 아주 우연한 사건으로 시작되었다고 전해지고 있습니다. 한 상인이 남아공의 한 마을을 방문했을 때 그는 한 원주민의 집 선반 위에서 광채가 나는 커다란 돌덩이를 보고는 주인에게 물었습니다. "저 돌은 누구 껍니까?" 그랬더니 원주민이 이렇게 답했습니다. "저건 우리 아이가 산에 가서 주워온 것입니다." 이 말을 들은 상인이 "내가 지금 굉장히 좋은 장난감을 갖고 있는데, 그것을 저 돌과 바꾸면 어떻겠습니까?" 그러자 원주민은 그 돌덩이를 상인에게 주면서 이렇게 말했습니다. "그래주면 우리는 감사하죠. 우리 아들이 무척 기뻐할 겁니다. 제발 바꿔주세요." 그러고는 상인에게 몇 번이나 고맙다고 인사하였습니다. 원주민은 그 돌의 가치를 알지 못했던 것입니다. 상인은 그 돌을 케이프타운의 보석상에 가져가 125,000달러에 팔았습니다. 지금으로 치면 수백만 달러를 호가하는 가치입니다.

성도 여러분, 십자가 복음의 가치는 얼마나 됩니까? 내게 예수님의 십자가의 가치는 어떤 의미입니까? 그것은 이 세상 무엇과도 바꿀 수 없는 가치임이 명백합니다. 어떤 말로도 표현할 수 없습니다. 성경은 그것을 하나님의 은혜라고 기록하고 있습니다. 깊이 생각해 보시기 바랍니다.

예수님이 알려주신 십자가의 비밀

본문이 속한 요한복음 17장은 예수님의 기도문입니다. 한 장 전체가 성경에서 가장 긴 예수님의 기도문으로 되어 있습니다. 지금 예수님께서 십자가를 지시기 전날, 그 절박한 상황 속에서 유언과 같은 기도를 하고 계십니다. 이 기도문 안에 십자가의 복음이 명백히 계시되어 있습니다. 언제든지 예수님의 기도가 무엇이며, 십자가의 비밀이 무엇인지를 알고 싶으면 항상 이 기도문을 읽어보시기 바랍니다.

예수님께서 이 기도의 시작을 이렇게 하셨습니다. "영생을 주게 하시려고." 예수님께서 이 땅에 오셔서 십자가에서 죽으시는 이유가 이 세상에 영생을 선물로 주게 하시려는 데 있다고 말씀합니다. 십자가 사건을 앞에 두고 드디어 명백하게 십자가의 비밀을 우리에게 알려주십니다. 본문 2절은 말씀합니다. "아버지께서 아들에게 주신 모든 사람에게 영생을 주게 하시려고 만민을 다스리는 권세를 아들에게 주셨음이로소이다." 이 세상에 영생을 주게 하시려고 하나님께서 아들이신 예수님을 보내셨다는 말씀을 하고 계신 것입니다.

성도 여러분, 나는 영생을 가진 사람입니까? 나는 그 영생이 무엇인지를 알고 세상의 질문에 답을 하고 있습니까? 나는 어떻게 해야 영생을 받을 수 있습니까? 그 영생의 목적은 무엇입니까? 나는 지금 영생의 삶을 살아가고 있습니까? 이는 중대한 질문입니다. 오늘날 보면 십자가를 찬양하고, 십자가를 말하면서도 영생이 무엇인지를 모르는 경우가 많습니다. 영생이 내게 있는지 없는지조차도 모릅니다.

예수님이 말씀하신 영생

예수님이 말씀하신 이 영생은 영어로 'Eternal life' 입니다. 이 의미는 '하나님의 생명'입니다. 영생은 하나님이 사시는 생명입니다. 그분이 사시는 영적 생명을 성경은 영생이라고 말씀합니다. 이것은 우리 육체의 생명이 아닙니다. 예수 믿기 이전에 갖고 있던 생명 자체를 말씀하는 것도 아닙니다. 이것은 새 생명이자, 천국 시민권자만이 가지고 있는 고귀한 생명 그 자체입니다. 여러분은 이 영생을 확신하고 기뻐하며 오늘을 살아가고 있습니까?

오늘날 이 영생을 가장 잘못 이해하는 것이 문자 그대로 영원한 생명이라고 생각하는 것입니다. 그런 영원한 생명, 죽지 않는 생명은 없습니다. 성경에도 그런 생명은 없습니다. 모든 육체를 가진 생명은 반드시 죽습니다. 그러므로 이 영생은 생명의 기간을 말하는 것이 아니라, 생명의 질을 말하는 것입니다. 이것은 영생의 삶 그 자체를 말하는 것입니다. 이 영생이 없으면 하나님과 함께할 수 없습니다. 이 영생이 없으면 하나님의 말씀을 들을 수 없습니다. 이 영생이 없으면 하나님께 영광 돌릴 수도 없고, 천국 시민권을 가질 수도 없습니다. 구원받은 사람이 아닙니다. 그러나 이 영생을 가지고 있는 사람은 구원

의 확신을 가지고 천국 시민권을 가진 자임을 확증하며 살아
갑니다. 영생을 가졌기에 하나님과 교제하며, 하나님의 말씀을
들을 수 있으며, 하나님의 약속을 오늘 누리며, 상속자 된 신분
으로 살아갈 뿐 아니라, 하나님께 영광을 돌리는 삶을 살아가
는 것입니다.

성경이 그걸 증명합니다. 예수님은 육체를 입은 인간으로 오
셨으나, 육체에 이끌려 살지 않으셨습니다. 그분은 영생에 이
끌려 사셨습니다. 그분 자신이 영생이요, 그 안에서 영생의 비
밀이 나타나는 것입니다. 이제 예수님을 나의 구주로 고백한
사도들이 거듭난 이후에 완전히 다른 인생을 살아갑니다. 새
사람의 인생을 살아갑니다. 영생의 삶을 살아가게 됩니다. 그
기록이 성경입니다. 그리고 똑같은 방식으로 그 복음을 믿은
하나님의 자녀들이 거듭난 이후에 새로운 인생을 살아갑니다.
과거의 인생과 구별된 육체 중심의 인생이 아니라, 영 중심인
인생을 살아갑니다. 그들을 천국 시민권을 가진 사람이라고 불
렀던 것입니다.

하나님을 아는 지식 – 영생의 목적

이 영생이라는 단어는 우리가 잘 아는 '하나님 나라', '천국'

과 동의어입니다. 마태, 마가, 누가복음은 이를 하나님 나라나 천국으로 설명합니다. 그래서 천국의 비유가 있습니다. 그러나 요한복음에는 천국의 비유 대신 '영생'이라는 말로 다시 설명합니다. 그 이유는 주후 1세기에 전 세계를 향해 하나님의 복음을 전파하게 되는데, 듣는 대상이 하나님 나라나 천국을 알아듣지 못하기에 그들의 문화권 속에서 그들이 이해할 수 있는 영생이라는 단어로 하나님 나라를 설명하게 된 것입니다. 그리고 그 용어에는 하나님 나라에 대한 신비라는 특별한 강조가 있습니다. 그분이 하신 일들을 용어 한두 가지로 설명하기란 불가능하기에 신비에 강조를 둔 영생이라는 단어로 표현하는 것입니다.

성도 여러분, 영생의 목적이 무엇입니까? 성경은 그것을 우리에게 계시하고 있습니다. 그것은 하나님을 아는 지식입니다. 영생의 목적은 이 세상에서 번영하고 유명해지며 업적을 남기는 것이 아닙니다. 영생의 목적은 하나님을 아는 지식입니다. 왜냐하면 육체뿐인 인생은 하나님을 알 수가 없기 때문입니다. 아무리 알기를 간구해도 잘못 알고, 부분적인 지식으로 알 뿐입니다. 그래서 예수님께서 이 땅에 오셔서 영생을 주십니다. 그 영생을 가져야만 영이신 하나님과 교제하고, 하나님을 알아갈 수 있습니다. 하나님의 성품, 하나님의 존재, 하나님의 지혜,

하나님의 은혜, 하나님의 사랑, 하나님의 말씀, 하나님의 진리 등 모든 하나님을 아는 지식을 알 수 있는 것은 오직 영생뿐입니다. 그것을 주시기 위해서 예수님께서는 십자가에 죽으셨습니다.

십자가를 앞에 둔 바로 전날 밤, 예수님께서 기도하신 핵심이 바로 그것입니다. 본문 3절에서 말씀하십니다. "영생은 곧 유일하신 참 하나님과 그가 보내신 자 예수 그리스도를 아는 것이니이다." 성부 하나님과 성자 하나님을 아는 것입니다. 영생이 있으므로 하나님을 알아가고, 하나님을 알기에 영생이 빛을 발합니다. 그것이 그리스도인의 삶입니다.

여기서 '안다'는 것은 성경 전체에서 동일하게 설명합니다. 두 가지 의미가 있는데, 먼저는 지적 지식입니다. 진리는 항상 이성을 통한 지적 지식, 지적 깨달음을 통해서 아는 것입니다. 이것은 감성적인 것이 아닙니다. 오늘날 예배에서 가장 큰 문제는 완전히 감성으로 흐르고 있다는 것입니다. 보이는 것, 느끼는 것 그것들은 진리에 대해서 무지하도록 만듭니다. 성경 말씀을 어떻게 감성으로 알 수 있습니까? 깊은 묵상을 통해서, 깨어난 이성의 활동을 통해서, 분별을 통해서 확증되고 깨달아지는 것입니다.

두 번째로 안다는 것은 체험적이고 경험적인 지식을 말합니다. 성경에서 '안다'는 것은 부부가 동침할 때 쓰는 단어입니다. 다시 말해서, 깨달은 것으로 그치는 것이 아니라 그 깨달은 하나님을 아는 지식을 가지고 실천하는 것입니다. 그리고 그 말씀에 순종하므로 비로소 알게 되는 것입니다. 그 말씀이 사건이 되는 것입니다. 이런 인격적 관계의 지식을 가질 때, 그것을 하나님을 안다고 설명할 수 있습니다.

예수님이 전하신 십자가의 도와 하나님의 나라

성도 여러분, 하나님을 아는 지식, 그것이 성경 전체입니다. 이제 우리는 질문합니다. "어떻게 하나님을 아는 지식을 온전히 가질 수 있습니까?" 이스라엘은 실패했습니다. 유대인들은 그렇게 열심히 성경공부를 했지만 빗나갔습니다. 오늘날에도 같은 성경을 놓고도 이슬람 종교가 나오고, 수많은 이단이 나타납니다. 그러니 이것을 어떻게 분별할 수 있습니까? 성경이 주는 답은 단 하나입니다. 바로 예수 그리스도입니다. 오직 예수 그리스도, 예수 그리스도만이 완전한 하나님의 계시자요, 성자 하나님이기 때문입니다. 그런데 세상은 자꾸 이것을 가감하려 합니다. 세상 지식과 철학과 사상으로 조금씩, 조금씩 가감함으로써 무너뜨리려고 하는 것입니다.

그러면 예수 그리스도의 많은 행위와 말씀이 있었는데, 그중에 무엇이 중요합니까? 바로 십자가입니다. 그래서 오직 십자가를 말합니다. 성경은 말씀합니다. "그 십자가의 도는 하나님의 지혜와 능력이다. 완전한 하나님의 계시요, 완전한 하나님의 은혜요, 완전한 하나님의 사랑이요, 완전한 하나님의 능력이다." 이 십자가의 도를 떠나서는 아무리 성경을 읽어도, 아무리 성경을 연구해도 빗나갈 수밖에 없습니다.

또 하나가 있습니다. 그것은 예수님이 전하신 하나님 나라입니다. 십자가는 하나님 나라에 들어가는 유일한, 좁은 길입니다. 그 하나님 나라 복음 안에서만 하나님을 아는 지식을 충만히 가질 수 있습니다. 하나님을 아는 지식은 우리에게 항상 한 가지 단어로 표현될 수 있습니다. 그것이 바로 '영의 생각'입니다. 하나님을 아는 지식이 없으면 육체뿐인 인생이 되고 맙니다. 이기적인 탐심과 욕망에 이끌려 살아가게 되는 것입니다. 내 육체를 위한 삶으로 몸부림치면서 살아가는 것입니다.

그런데 하나님을 아는 지식이 내게 믿음으로 나타난다면 완전히 차원이 달라집니다. 영의 생각을 갖게 됩니다. 하나님을 향하여, 하나님께 영광 돌리는 삶을 시작할 수 있게 됩니다. 이것이 성령의 역사입니다. 성령의 역사가 있어야만 영 주도적인 인생을 살아갈 수 있습니다. 성령이 우리 안에 주어진 영생을 통하여 역사하시기 때문입니다. 그래서 천국을 갈망하고, 천국 진리에 집중하고, 하나님의 뜻에 순종하며, 하나님과 함께하는 삶을 비로소 살아가게 됩니다.

예수님의 일생을 한번 생각해 보십시오. 예수님은 어떤 관점과 어떤 생각에 이끌려 살아가셨습니까? 아주 간단한 답이 성경에 기록되어 있습니다. 오직 십자가입니다. 처음부터 끝까지 예수님은 십자가를 향해 사셨습니다. 십자가가 활동의 마지막이요 절정이었습니다. 그뿐 아니라, 그 십자가 사건 이후를 보셨습니다. 부활을 보시고, 천국을 보셨습니다. 예수님은 항상 그러셨습니다.

십자가라는 마지막 죽음과 고통의 사건 속에서도 이 마지막 기도를 드리시는데, 이것을 계속 읽어보십시오. 영의 생각으로 가득 차 있습니다. 그리고 기도의 시작은 이렇게 됩니다. "하늘을 우러러"(1절). 우리는 자꾸 땅을 보면서 기도를 해서 문제입니다. 땅의 엄청난 사건이 하나님이신 예수님에게 달려오는데, 예수님은 우러러 하늘을 보시고 아버지 하나님을 향하여 기도합니다. 그것이 예수님의 기도와 우리 기도의 차이점입니다. 영생을 가졌다는 것은 우러러 하늘을 보며 오늘을 살아가는 것입니다.

구원에 이르는 믿음으로서의 영생

성도 여러분, 무엇보다 중요한 것은 이 영생이 사후에 주어
진다는 것이 아닙니다. 오늘날 잘못된 신앙생활이 바로 여기에
있습니다. 자꾸 죽은 다음의 천국만 외치고 있습니다. 아닙니
다. 오늘 영생을 가져야 됩니다. 그 영생의 삶을 살다가 나중에
천국 가는 것이지, 여기서는 영생이 없는 삶을 살다가 갑자기
어떻게 천국 갑니까? 이것은 잘못된 기독교의 메시지입니다.
십자가는 말하면서 영생을 말하지 않습니다. 영생을 가진 자는
이 세상에서 복음적 생각과 방식을 따라 예수님의 마음으로 오
늘을 살아갑니다. 아무리 힘들고 어려운 일이 있다 하더라도,
아무리 즐겁고 형통함이 있더라도 그것을 넘어 하나님의 은혜
와 진리를 보며, 하나님의 사랑을 보며, 하나님의 영광을 보며,
하나님을 향해 오늘을 살아가게 됩니다.

성도 여러분, 구원에 이르는 믿음이란 바로 이런 것입니다.
십자가를 믿고, 그 메시지를 믿고, 영생을 믿습니다. 그래서 이
세상 속에서 영생의 삶을 살아갑니다. 그러나 안 믿는 사람은
아무리 설명해도 알지 못합니다. 하지만 나는 영생을 압니다.
나는 그 선물을 받았습니다. 그래서 영생이 설명되기 시작했
습니다. 성경을 통해서 이해되기 시작하는 것입니다. 요한복음

6장에 보면 예수님께서 오병이어의 엄청난 이적을 행하시자 수만 명이 좇아와서 예수님을 왕으로 세우고자 합니다. 그때 예수님께서 영생을 말씀하시니까 다 가버렸습니다. 알아들을 수가 없었기 때문입니다. 이런 상태가 인류의 불행과 비극적인 현주소입니다. 우리나라 속담에 '우물 안 개구리'라는 말이 있습니다. 우물 안의 개구리가 바다를 알겠습니까? 아무리 설명해 봐야 추상적일 뿐입니다. 우물 안의 개구리에게 우물 밖의 세상을 아무리 설명해 줘봐야 믿지 못합니다.

한 병원에서 의사가 환자에게 어렵게 말을 꺼냈습니다. "받아들이기 힘드시겠지만, 지금 선생님은 일주일 정도밖에 사실 수가 없습니다. 참 죄송합니다. 마지막 준비를 하셔야겠습니다. 혹시 마지막으로 만나고 싶으신 분이 계시면 저희가 도와드리겠습니다." 그랬더니 이 환자가 심각하게 듣고 한참 동안 깊이 생각하더니 이렇게 말했습니다. "선생님, 다른 의사 선생님 좀 불러주세요."

영생을 가진 사람의 삶

불신자에게 죽음이 공포가 되고, 두려움이 되는 것은 바로 삶과 죽음이 너무 멀리 떨어져 있기 때문입니다. 그래서 두려운 것입니다. 그러나 영생을 가진 자에게 죽음은 일상의 한 부분이요, 언제든지 올 수 있는 것이요, 인생의 마지막 순간인 것입니다. 더욱이 그 죽음을 넘어 영생을 완성하는 삶으로 갈 것입니다. 천국으로 갈 것입니다. 이것은 완전히 차원이 다릅니다. 오늘을 사는 인생관이 다른 것입니다. 내 안에 영생이 있기에 가치관이 달라집니다.

감리교의 창시자인 존 웨슬리 목사님의 유명한 일화입니다. 그가 영국 성공회의 최고 성직자인 캔터베리 대주교를 방문했습니다. 그때 대주교는 존 웨슬리에게 원하는 것이 무엇이냐고 물었습니다. 그러자 존 웨슬리는 이렇게 대답했습니다. "저는 성경을 원합니다." 의아하게 생각한 대주교가 다시 물었습니다. "아니, 왜 대주교나 주교 같은 자리를 원하지 않고 성경만을 원하는가?" 그때 웨슬리 목사님이 유명한 대답을 남깁니다. "생명이 있은 후에나 주교든 대주교든 귀한 것이 아니겠습니까."

성도 여러분, 구원은 사건입니다. 구원의 사건은 단순한 장소 이동이 아닙니다. 이 세상에서 살다가 저 세상의 천국으로 가는 것이 구원의 전부가 아닙니다. 구원은 삶의 변화입니다. 생명의 변화요, 영생을 갖는 것입니다. 영생이 있다는 것을 믿고, 영생에 이끌려 영 주도적인 인생으로 변화된 것을 말합니다. 그것을 성경은 거듭남이라고 말합니다. 이전에는 육체의 생명에 이끌려 살아갔으나, 이제는 영의 생명에 이끌려 살아가는 것입니다. 어떻게 그럴 수가 있습니까? 오직 그리스도의 복음과 십자가의 복음을 믿음으로, 성령의 역사로 되는 것입니다. 여기서 벗어나면 안 됩니다. 어떻게 영생을 얻을 수 있습니까? 동일합니다. 오직 그리스도의 복음과 성령의 역사로, 하나님의 은혜로 말미암아 믿음으로 되는 사건입니다.

모든 그리스도인은 이 영생을 소유하고 오늘을 살아갑니다. 하나님께서는 하나님의 자녀 안에서 역사하기를 원하십니다. 믿음이 없는 사람들, 영생을 갖고 있지 않은 사람들은 자꾸 자신의 밖에서 무엇을 해주기를 원합니다. 환경을 변화시켜 주시고, 이것도 잘되게 해주시고 저것도 잘되게 해달라고 하지만, 이것은 잘못된 기독교입니다.

하나님은 십자가에서 이루신 영생을 선물로 주시며, 영생을 가진 자 안에서 역사하기를 원하십니다. 하나님의 말씀을 들려주시고, 하나님과 함께 교제하며, 하나님과 동행하는 삶을 살며 하나님의 뜻이 그 안에 이루어지도록 역사하시기를 기뻐하십니다. 그래서 적어도 하나님의 복음 앞에서는 믿음을 가졌는지 갖지 못했는지, 예수 그리스도 안에 있는지 밖에 있는지, 영생을 가졌는지 갖지 못했는지가 너무나 명백합니다. 모호하지 않습니다.

성경은 말씀합니다. "영생을 주게 하시려고"(2절). 아버지 하나님께서 아들 하나님을 이 땅에 보내신 이유는 영생을 주게 하시려는 것입니다. 저 십자가를 통해서 영생을 주게 하시려고 하나님이 계획하셨고 역사하신다는 말씀입니다. 그래서 십자가의 복음을 믿는 자는 이제 깨어 영생의 증인으로 오늘을 살아갑니다. 내게 영생을 주신 하나님을 기뻐하며, 찬양하며, 하나님께 영광 돌리는 삶을 살아가게 됩니다. 오직 예수 그리스도 안에서 십자가의 복음을 증거하며, 영의 생각에 이끌려 하나님의 뜻에 순종하며, 하나님과 함께하는 삶을 살아가는 것입니다.

기도

전지전능하신 은혜의 하나님, 이 세상 속에서 육체뿐인 인생을 살아가는 미련한 죄인을 예수 그리스도 안에서 주의 복음을 믿음으로 깨어나게 하시고, 영생의 비밀을 알고 영생을 소유한 자로 오늘을 살게 하시사 영의 생각에 이끌려 하나님을 바라보며, 하나님의 뜻을 분별하며, 하나님의 영광을 나타내는 권세 있는 삶을 살게 하여주심을 진심으로 감사드립니다. 그러나 십자가를 고백하고, 십자가에 감격하며, 십자가를 찬송하지만, 아직도 영생을 알지 못하고, 영생의 복음에 무지한 자로 맹목적인 신앙생활을 하는 죄인을 불쌍히 여겨주시옵소서. 성령이시여! 이 시간 내게 주시는 하나님의 말씀인 영생의 비밀을 깨닫고, 영생을 소유한 자로서 믿음으로 굳게 서 이제 세상 가운데 나아가 영의 생각에 이끌려 영 주도적인 삶을 통하여 하나님의 영광을 나타내며, 하나님과 동행하는 고귀한 삶을 살아갈 수 있도록 함께하여 주시옵소서. 우리 주 예수 그리스도의 이름으로 간절히 기도드리옵나이다. 아멘.

02

은혜와
진리가
충만한 자

말씀이 육신이 되어 우리 가운데 거하시매 우리가 그의 영광을 보니 아버지의 독생자의 영광이요 은혜와 진리가 충만하더라 요한이 그에 대하여 증언하여 외쳐 이르되 내가 전에 말하기를 내 뒤에 오시는 이가 나보다 앞선 것은 나보다 먼저 계심이라 한 것이 이 사람을 가리킴이라 하니라 우리가 다 그의 충만한 데서 받으니 은혜 위에 은혜러라 율법은 모세로 말미암아 주어진 것이요 은혜와 진리는 예수 그리스도로 말미암아 온 것이라 본래 하나님을 본 사람이 없으되 아버지 품 속에 있는 독생하신 하나님이 나타내셨느니라

◆ 요한복음 1:14-18

02

은혜와 진리가 충만한 자

　미국의 피츠버그 신학대학원에서 목회신학을 가르치시는 앤드류 퍼브스 교수는 『십자가의 목회』와 『부활의 목회』라는 책을 써서 미국 기독교에 큰 영향을 끼쳤습니다. 오래전에 제가 이 신학교를 강의 차 방문했을 때, 그곳에서 직접 그 교수님과 식사를 하며 대화를 나눈 적이 있었습니다. 그때 교수님이 제게 자신이 저술한 앞의 두 권의 책을 선물로 주었고, 한국에 와서 그 두 권의 책을 한국어로 번역하여 출판했습니다. 이 책에서 교수님은 1970년 에든버러대학교 뉴칼리지에서 공부할 때 '교리론'이라는 과목을 수강했던 경험을 소개하고 있습니다.

당시 열정적이고 명쾌한 강의로 유명했던 제임스 토렌스 교수가 기독론에 있어서는 '어떻게'라는 질문보다는 '누구'라는 질문을 먼저 하라고 누누이 강조했던 것을 생생히 기억하며 이렇게 강조하고 있습니다. "사실 신학의 모든 것은 예수 그리스도가 누구이며, 그분을 구세주라고 고백한다는 것이 어떤 의미인지를 아는 것에 달려 있다. 처음부터 잘못된 질문을 던져 엇나가기 시작하면 복음의 핵심과 의의를 제대로 이해할 수 없다. '예수 그리스도가 주시다!'라는 기독교의 핵심 교리는 '이 세상에서 성육신하신 구세주가 누구인가?'라는 질문의 대답이다." 깊이 생각해 보시기 바랍니다.

하나님이 보내신 예수 그리스도

성도 여러분, 하나님께서는 예수 그리스도를 이 땅에 보내셨습니다. 이 사실을 항상 기억해야 합니다. 예수님을 위대한 정치가나 위대한 스승, 위대한 CEO나 위대한 기적을 행하는 자로 보내신 것이 아닙니다. 이 땅에 유일한 구세주요 구주로 보내셨다는 사실을 항상 기억해야 합니다. 구원에 이르는 믿음은 바로 여기에 있습니다. 예수님이 유일한 구세주요 구주시라는 사실을 아는 것과 믿는 것이 하나 되는 것입니다. 온전한 믿음이란 그리스도를 아는 지식과 믿는 것이 하나 될 때 이루어져 나가는 것입니다. 예수님이 누구시며 무슨 일을 하셨는지를 성경을 통해서 명확하게 알고, 믿고, 오늘을 살아가야 합니다. 그리스도를 아는 지식이 없는 믿음은 잘못된 믿음이요, 맹목적인 믿음입니다. 또한 그리스도를 아는 지식이 충만하지 못한 믿음은 결핍된 믿음이요, 불완전한 믿음으로 끝나고 맙니다.

오늘날 '진정한 기독교가 무엇인가? 교회가 무엇인가? 그리스도인이 누구인가?'라는 질문을 많이 합니다. 이 질문에 대한 답은 '예수 그리스도'입니다. 분별의 기준은 오직 예수 그리스도뿐입니다. 다시 말해서, 예수님이 기독교와 교회와 그리스도인에게 주가 되실 때, 입술의 고백이 아니라 삶 전체로 주가 되실 때, 그때에 교회가 교회 되고, 그리스도인이 진정 하나님의 자녀가 되는 것입니다. 그리스도 없는 기독교는 종교일 뿐입니다. 이것이 오늘 우리의 현실입니다. 또한 그리스도 없는 나, 이 또한 명목상의 교인이라는 것을 항상 기억해야 할 것입니다.

성탄절이 오늘날 우리에게 어떤 의미를 줍니까? 세상은 어떤 성탄절을 기억하고 있습니까? 분명 성탄절의 주인공은 예수 그리스도인데, 예수 그리스도가 없습니다. 대신 산타클로스가 자리 잡고 있습니다. 또한 화려한 성탄 트리가 사람들에게 감동을 주고, 그 쪽으로 발길을 가게 합니다. 그리고 공휴일이라는 것에 사람들이 들 떠 있습니다. 이 모두는 잘못된 것입니다. 한마디로 '메리 크리스마스'(Merry Christmas)가 없는 것입니다. 성도 여러분, 내 마음에는 메리 크리스마스가 있습니까? 내 삶 속에 살아 계신 그리스도가 자리 잡고 있습니까? 깊이 생각해야 합니다.

하나님의 경륜으로서의 성육신 사건

본문에는 예수님이 누구신가라는 질문에 대한 답이 계시의 말씀으로 선포되고 기록되어 있습니다. 참으로 예수님이 누구신지에 대한 답이 성탄의 메시지입니다. 특별히 본문 14절 말씀을 통해서 아주 명확하게 선포되고 계시되어 있습니다. 이 말씀을 항상 묵상하며 오늘을 살아가야 합니다. 14절은 말씀합니다. "말씀이 육신이 되어 우리 가운데 거하시매 우리가 그의 영광을 보니 아버지의 독생자의 영광이요 은혜와 진리가 충만하더라." 이분이 예수님이십니다.

먼저, 말씀이 육신이 되었다고 선포합니다. 이 신비로운 사건이 바로 예수 그리스도입니다. 이것을 '성육신의 사건'이라고 말합니다. '예수님이 누구신가?'라는 질문의 첫 번째 계시가 이것입니다. 말씀이 육신이 되신 분입니다. 이것을 믿을 때,

이것을 믿음으로 알 때 이미 그 사람은 성령의 역사 속을 살아가는 하나님의 자녀가 된 것입니다. "말씀이 육신이 되었다." 이 말씀의 근원으로 요한복음 1장 1절은 이렇게 설명합니다. "태초에 말씀이 계시니라 이 말씀이 하나님과 함께 계셨으니 이 말씀은 곧 하나님이시라." 다시 말해서, 말씀이신 하나님이 육신이 되었다는 것입니다. 더 분명히 말하면 하나님이 인간이 되셨다는 것이 기독교의 선포입니다.

잠시 생각해 보십시오. 이 세상 모든 종교는 예외가 없습니다. 어떤 특별한 사람이 깨달음을 얻게 되면서 종교를 세운 것입니다. 그러나 기독교는 완전히 차원이 다릅니다. 기독교는 하나님이 인간이 되셨다는 것에서부터 시작합니다. 그 예수를 믿음으로 비로소 구원에 이르는 믿음이 생겨납니다. 깨달음이 아니라 사건을 믿음으로, 사건 속에서 이 일을 갖고 구체적인 신앙생활을 하는 것입니다. '이 세상 속에, 역사 안으로 하나님이 오셨다.' 이것이 기쁜 소식입니다.

성육신 사건은 하나님의 결단임을 항상 기억해야 합니다. 이것은 하나님의 뜻이요, 하나님의 경륜이요, 하나님의 계획이요, 하나님의 행동입니다. 하나님은 무엇을 하고 계십니까? 예수님을 이 땅에 보내셨습니다. 이 위대한 하나님의 결단인 성육신 사건에는 인간의 생각이나 상상, 실천이나 순종이 조금도

들어가 있지 않습니다. '하나님이 인간이 되셨다.' 이것은 오로지 하나님만이 하실 수 있는 사건입니다. 이 선포가 있는 곳이 교회요, 이 계시를 믿고 살아가는 자가 그리스도인입니다. 말씀이 육신이 되고 하나님이 인간이 되셨다는 것은 인간의 지혜와 경험으로는 도저히 이해할 수 없습니다. 그래서 성경은 이런 용어를 씁니다. "걸림돌이 되었느니라." 이것은 하나님의 경륜 속에 있는 것입니다. 만일 인간의 경험과 이해로 충분히 추리가 가능하고, 이해되고, 믿어지는 것이라면 그것은 사람이 만든 것입니다. 그러나 하나님이 하신 일이기에, 오로지 하나님이 하신 결단이기에 인간의 이해로는, 이성적 추리로는 알 수 없는 신비인 것입니다.

주 안에서 믿음으로 고백하는 사건

그러면 어떻게 믿고, 이해하고, 전할 수 있습니까? 성경은 답합니다. 오직 믿음으로입니다. 이 불가능한 것이 믿어지는 것입니다. 이해하고 믿어지는 것이 아닙니다. 그냥 사건으로 믿어지는 것입니다. 그래서 이 사건을 믿을 때 사람들은 외칩니다. "그분만이 우리의 주시다. 예수 그리스도의 사건으로 말미암아 그분이 우리의 주시다." '우리의 주시다'(Our Lord)라는 고백이 있는 곳이 교회입니다. 또한 '주 안에서'(In the Lord)의 고백과 함께 그 믿음으로 새로운 인생을 살아가게 됩니다. 그 고백으로 가치관이 변화되고, 세계관이 변화되고, 믿음의 생각으로 오늘을 살아가게 됩니다. 이 얼마나 놀라운 일입니까!

그럼에도 불구하고 이 세상은 끝없이 예수님을 왜곡하고 잘못 이해하고 있습니다. 오해하고 있습니다. 기독교 안에서도 그렇습니다. 그 대표적인 것이 바로 예수님을 인간으로 보는 것입니다. 그래서 종교 창시자들과 같이 뛰어난 인간 또는 그들보다 더 뛰어난 인간이 기독교를 창시했다고 생각합니다. 이것은 말씀이 육신이 되었다는 것을 부정하는 잘못된 생각입니다. 하나님이 인간이 되셨다는 것을 슬쩍 비껴가서 자기의 생각을 말하고 있는 것입니다. 이것이 교회 안에, 기독교 안에 선포되면 교회가 무너지고, 기독교가 타락하고 맙니다. 이러한 생각을 갖다보니, 교회 안에서 먼저 예수님을 자꾸 '위대한 스승'으로 소개하는 것입니다. 그리고 예수님을 '위대한 해방자', '정치적 해방자'로 말합니다. 또한 요즘은 예수를 '위대한 CEO'로, 그러니까 세상의 모든 경제 문제를 해결하고 번영을 이루는 분으로 소개하기도 합니다. 이 모두가 예수님에 대해 잘못 이야기하는 것들입니다.

그런가 하면 위대한 예수 그리스도를 믿음으로 우리 모두가 작은 예수가 되자고 주장하기도 합니다. 하지만 이것 역시 잘 못된 신앙입니다. 예수님이 누구십니까? 하나님이 인간이 되신 분, 말씀이 육신이 되신 분인데 인간이 어떻게 작은 예수가 될 수 있다는 말입니까? 성도 여러분, 예수님이 누구십니까? 오늘 본문은 말씀합니다. "말씀이 육신이 되어"(14절). 무슨 뜻입니까? 예수님은 참 하나님이시며 참 인간이 되신 것입니다. 참 하나님으로서 참 인간이 되신 분이 예수 그리스도십니다.

이것을 우리는 사도신경에서 고백합니다. "성령으로 잉태하사 동정녀 마리아에게 나시고." 이에 대해 이렇게 질문할 수 있습니다. '하나님, 왜 꼭 이렇게 하셔야만 합니까? 왜 이성적으로 판단할 수 없게, 이렇게 신비한 역사를 통해서만 하셔야 되는 것입니까?', '왜 하나님은 성육신의 사건을, 말씀이 육신이 되는 사건을 일으키셔야만 하신 것입니까?' 성경은 대답합니다. 새로운 시작을 위해서 그렇게 하셨습니다. 완전히 새로운 기원입니다. 완전히 새로운 세대를 열기 위해서 이런 완전히 새로운 방법으로 예수님이 이 땅에 오셔야 되는 것입니다. 이것이 하나님의 재창조의 역사입니다. 그분이 예수 그리스도이십니다. 그러므로 오직 예수 그리스도 안에서만 하나님의 완전한 재창조의 역사가 시작되었고, 오늘도 이루어져 가고 있습니다. 이것이 진정한 복음입니다. 하나님이 계획하시고, 하나님이 행하시고, 하나님이 이루시는 일인 복음을 믿음으로 우리가 하나님 자녀 되는 것입니다. 이 복음을 믿음으로 그 의미를 깨닫고, 고백하며, 거듭난 사람이 되어가는 것입니다. 그 외의 다른 길은 없습니다.

성도 여러분, 여러분은 이 복음을 믿음으로 새 사람으로 오늘을 살아가십니까? 더 정확하게 말하면 나는 이 복음을 믿음으로 성육신의 참여자로, 증인으로 오늘을 살아가십니까? 이것이 더 중요한 질문입니다. 믿음의 사람은 말씀이 육신이 되신 사건의 참여자입니다. 이 사건이 없었으면 우리는 아무것도 아닙니다. 이 위대한 복음의 사건 속에서 믿음으로 이제 눈이 뜨이고, 귀가 열리고, 마음이 열려 천국 시민권을 가진 자로 오늘을 살아가게 되는 것입니다.

우리 가운데 계신 예수 그리스도

또한 예수님에 대해서 이렇게 선포합니다. "우리 가운데 거하시매"(14절). 하나님이 우리 가운데 거하십니다. 이것은 임마누엘입니다. 그래서 예수님의 이름을 임마누엘이라고 하는데, 그 말씀이 성취된 것입니다. 임마누엘은 하나님이 우리와 함께하신다는 뜻입니다. 인류는 계속해서 질문합니다. '하나님이 어디 계신가? 이렇게 죄악 많은 세상에, 고통 많은 세상에 하나님이 어디 계신가?'라고 묻습니다. 하나님께서 긍휼을 베푸셔서 그 답을 주셨습니다. 그 답이 예수 그리스도인 것입니다. 역사 안으로 들어오신 예수 그리스도의 그 사건 속에서 비로소 믿음으로 우리는 고백합니다. "하나님은 우리와 함께하신다."

성도 여러분, 예수님의 십자가와 부활이 이것을 말합니다. 역사 안에 나타난 십자가와 부활이 바로 우리와 함께하시는 하나님을 계시합니다. 특별히 오늘도 많은 사람, 많은 종교인이 이 질문으로 말미암아 불신앙의 삶을 살아갑니다. 이 세상에 악이 많고 고통이 많은데, 하나님은 이것을 돌보지 않으시고, 문제를 해결하지 않으시고 뭘 하시느냐고요. 그러므로 하나님은 없다고 결론을 맺습니다. 그러나 하나님의 방식으로 엄밀하고 명확하게 십자가 답해 줍니다. 십자가는 무엇입니까? 이 세상은 모든 악과 고통의 가장 큰 현장입니다. 그것을 예수님께서 직접 체험하셨습니다. 그분이 우리 안에, 우리와 함께 거하신다는 사실이 얼마나 귀한 것입니까?

더욱이 예수님은 오늘도 성령을 통하여 역사하십니다. 모든 거듭난 그리스도인의 신앙고백은 이것입니다. '살아 계신 그리스도가 나와 함께하신다.' 십자가의 추억이 아닙니다. 부활하신 그분이 성령을 통하여 오늘도 내 안에 역사하심을 믿는 데에 구원에 이르는 온전한 믿음이 있는 것입니다. 갈라디아서 2장 20절에서 사도 바울은 이렇게 고백하고 있습니다. "내가 그리스도와 함께 십자가에 못 박혔나니 그런즉 이제는 내가 사는 것이 아니요 내 안에 오직 그리스도께서 사시는 것이라." 내 안에 오직 그리스도께서, 살아 계신 하나님께서 사시는 것을 믿음으로 우리는 오늘 이 시대를 이기며, 승리하며 살아가게 되는 것입니다.

독생자의 영광이 충만히 나타남

그리고 하나님께서는 예수님이 누구신지에 대한 답으로 "아버지의 독생자의 영광이 나타났다."라고 계시해 주십니다. 독생자는 외아들이라는 말입니다. 여기에서 하나님의 유일한 아들이라는 말은 그분이 곧 하나님이심을 의미합니다. 아들 하나님, 다시 말해서, 아버지의 독생자의 영광이 예수님께 나타났다는 것은 무슨 말입니까? 하나님의 영광이 그 안에 충만히 계시되었다는 말입니다. 하나님의 영광이라는 것은 하나님의 인격과 성품과 계시와 능력과 사랑, 이 모든 것을 포함하는 것입니다.

이 하나님의 놀라운 영광이 예수 그리스도 안에 나타났습니다. 그래서 예수님께서 십자가를 지시기 전날에 마지막으로 복음의 비밀을 정확하게 말씀하십니다. "나를 본 자는 아버지를 보았노라." 이 얼마나 신비로운 말씀입니까? 또한 예수님께서 말씀하십니다. "나로 말미암지 않고는 아버지께로 올 자가 없느니라." 예수님은 유일한 구세주시며 구주이십니다. 그러기에 아버지의 영광이 그에게만 나타난 것입니다. 이 믿음을 가지고 지낼 때 이제 세상을 향하여, 수많은 종교에 대해서 거짓이라고 말하게 됩니다. 왜냐하면 예수 그리스도 안에만 하나님의 영광이 나타나 있기 때문입니다.

그리고 무엇보다도 오늘 이렇게 선포하고 있습니다. "은혜와 진리가 충만하더라." 많은 사람이 하나님의 은혜와 진리를 찾아 헤맵니다. 그것을 찾는 자를 구도자라고 합니다. 하지만 못 찾습니다. 이미 오셨는데 어디서 찾는다는 말입니까? 하나님의 은혜와 진리가 오직 예수 그리스도 안에 있는 것입니다.

성도 여러분, 하나님의 은혜가 무엇입니까? 그 핵심은 예수 그리스도입니다. 예수님이 하나님의 은혜의 본체이시며 핵심이십니다. 많은 사람이 기도할 때 예수님 이름으로 기도하면서 예수님 이외에 다른 은혜를 구하거나 더 큰 은혜를 달라고 하는데, 자세히 살펴보면 이것은 불신앙의 극치입니다. 성경은 예수 그리스도 안에 은혜가 충만히 나타났다고 말씀하는데, 정말로 은혜를 사모하면 예수님을 구해야 하는 것 아닙니까? 예수님께 가까이 가고 예수 그리스도를 아는 지식을 구해야 합니다. 이 세상의 것들을 계속 추구하는 것은 자신의 욕심 때문입니다. 지금 내 소원을 이루려고 구하는 것입니다. 사실 하나님의 영광에는 관심이 없습니다. 정말 그가 하나님의 영광을 구한다면 성령께서 예수 그리스도를 구하게 만드실 것입니다. 예수 그리스도야말로 은혜로 충만하신 분이기 때문입니다.

성도 여러분, 하나님의 은혜가 우리 안에 은혜 되지 못하는 큰 장애물 세 개가 항상 있다는 것을 기억해야 합니다. 그리고 이것을 없애야 합니다. 그 첫 번째가 개인주의입니다. 인간 안에 있는 이기심이 은혜를 막습니다. 두 번째가 성공주의입니다. 세상 중심의 삶이 은혜를 막습니다. 세 번째가 율법주의입니다. 이 종교 생활이 하나님의 은혜를 막습니다. 정말 은혜를 받은 자는, 예수 그리스도를 만난 자는 이러한 것들을 제거해야 지속적인 은혜를 체험하며, 은혜 속에 살아갈 수 있습니다. 하나님의 은혜 없이는 그 누구도 천국 가지 못합니다. 하나님의 자녀 되지 못합니다. 하나님의 은혜 없이는 그 누구도, 어떤 열심과 공로로도 천국에 들어가지 못합니다.

미국의 한 교회에서 목사님이 회의를 진행하는데, 한 청년이 손을 들더니 일어나 소리쳤습니다. "목사님, 그러지 말고 법대로 합시다!"이 말을 들은 목사님은 이렇게 답했습니다. "이보게 젊은이, 법대로 좋지. 그런데 법대로 하면 자네는 어떻게 될 것 같은가? 자네는 아마 벌써 지옥으로 떨어졌을 걸세." 정말 하나님이 법대로, 말씀대로, 율법대로 하시면 우리 모두도 하나님의 진노 아래 살아가다 지옥 가고 말 것입니다. 그러나 하나님의 은혜가 예수 그리스도 안에서 나타났고, 그 은혜의 약속을 믿음으로 우리는 하나님의 자녀 되는 것입니다. 그래서 그리스도의 삶이란 간단합니다. 그 은혜가 내 안에서 왕 노릇 해야 합니다. 그렇지 않으면 우리는 다시 옛 사람의 본성으로 끌려가고 맙니다. 오직 그 은혜가 나를 이끌어 가야 되는 것입니다.

예수 그리스도 안에 있는 진리

또한 진리가 무엇입니까? 진리가 어디 있는 것입니까? 성경은 말씀합니다. 진리는 예수 그리스도 안에 있는 것입니다. 예수님은 오직 천국 진리, 하나님 나라 진리를 이 땅에서 선포하셨습니다. 따라서 그리스도인은 진리를 찾아 헤매는 자들이 아니라, 그 진리를 아는 자들입니다. 예수님께서 말씀하십니다. "내가 곧 그 진리이다." 세상 모든 종교의 창시자는 그 진리를 깨달았다고 말합니다. 나무 밑이나 동굴 속에서 어느 날 계시를 받고 진리를 깨달은 것입니다. 그러나 기독교는 다릅니다. "내가 곧 진리이다." 이것을 믿음으로 이제 그 진리를 이해하게 되고, 진리의 사람으로 변해 가는 것입니다. 그리스도를 아는 지식은 진리요, 영생이요, 하나님의 말씀입니다. 여기에 구원에 이르는 믿음이 있습니다.

무엇보다 오늘 성경은 말씀합니다. "은혜와 진리가 충만하더라"(14절). 얼마나 굉장한 말씀입니까? 예수 그리스도 안에 살아간다는 것은 '예수님!' 하고 소리치는 것이 아닙니다. 은혜와 진리의 충만함 속에 살아가는 것을 의미합니다. 예수님을 나의 구주로 영접했다는 것은 하나님의 은혜와 진리 안에서 그 충만함을 맛보며, 깨달으며, 고백하며 오늘을 살아가는 것을 말합니다. 온전한 믿음이란 '주여! 주여!'를 외친다고 되는 일이 아닙니다. 온전한 믿음이란 그리스도를 아는 지식과 믿음이 하나 되는 것입니다. 그리스도인은 하나님의 은혜와 진리의 충만함과 믿음이 하나 될 때 온전한 믿음의 사람으로 변해 갑니다. 많은 사람이 기도하면서 믿음을 달라고만 하지, 이미 주신 믿음대로 행동하려 하지는 않습니다. 기도만 해서는 안 됩니다. 기도와 함께 우리는 즉시 예수님께로 가야 합니다. 은혜와 진리의 충만함이 오직 예수 그리스도 안에 나타나 있기 때문에, 그리고 그것을 우리에게 주실 것이기 때문입니다.

하나님의 사람 존 뉴턴 목사님은 자기에게 주어진 놀라운 은혜에 대해서 만족하지 않고 소중한지도 모르고 살아가는 어리석은 사람들에게 이런 이야기를 들려주었습니다. 하늘에서 두 명의 천사가 땅으로 파송됐습니다. 한 천사는 나라를 다스리는 왕이, 다른 한 천사는 거리의 쓰레기를 치우는 청소부가 되었습니다. 그런데 여기에서 놀라운 것 하나가 발견되었습니다. 청소부가 된 천사는 결코 왕이 된 천사와 자신의 직업을 바꾸려 하지 않았다는 점입니다. 왜냐하면 그는 자신을 향한 하나님의 뜻과 자신에게 주어진 사명에 만족하기 때문이었습니다. 그러므로 세상의 다른 사람들을 부러워하거나, 자신의 신세를 한탄하며 살지 않았습니다.

예수 그리스도 안에서 누리는 만족

성도 여러분, 예수 그리스도 안에서 얼마나 만족하며 살아가십니까? 얼마나 만족함을 경험하며 살아가십니까? 예수 그리스도 밖에는 만족이 없습니다. 이 세상에는 그 어느 곳에도 만족이 없습니다. 그러므로 그리스도인이 예수 그리스도 안에서 만족하지 못하면 그 사람은 잘못된 신앙생활을 하는 것입니다.

그럼 왜 만족하지 못합니까? 예수님에 대한 무지 때문입니다. 성경에 대한 지식은 많이 있어도 예수님을 모르면 그 지식은 소용없는 것입니다. 그리스도인은 이 세상 속에서 영생의 삶을 살아갑니다. 어떻게 영생의 삶을 살아갈 수 있습니까? 주와 동행함으로 가능합니다. 이게 무슨 말입니까? 은혜와 진리의 충만함 속에 살아갈 수 있다는 것입니다. 그리스도인이 예수 그리스도와 함께 산다는 것은 그가 이미 은혜와 진리의 충만함을 맛보았고, 믿었고, 꾸준히 계속되고 있다는 것을 의미합니다. 시간이 갈수록, 나이가 들수록 그리스도인은 은혜와 진리로 충만해져야 합니다. 그것뿐입니다. 오늘 예수 그리스도 안에서 은혜와 진리로 충만해지는 삶의 체험과 깨달음과 고백이 있을 때 비로소 하나님의 사람으로 승리하게 됩니다.

성도 여러분, 이 세상은 이 소식에 깜깜합니다. 아무리 과학 기술과 인류 문명이 발달해도 예수 그리스도를 아는 지식에 무지합니다. 그러므로 하나님의 은혜를 받고, 은혜를 체험한 자는 이제 그 은혜를 밝혀야 합니다. 담대히 증거해야 합니다. 이 세상 속에서 아기 예수 탄생의 비밀과 성육신 사건의 신비로움을 증거해야 합니다. 성도 여러분, 여러분은 얼마나 예수 그리스도의 탄생과 그 비밀을, 그 복음을 알고 믿으며, 기뻐하며, 증거하며 살아가십니까? 오늘 우리에게 주신 하나님의 말씀입니다. 항상 묵상하며 살아가시기 바랍니다. "말씀이 육신이 되어 우리 가운데 거하시매 우리가 그의 영광을 보니 아버지의 독생자의 영광이요 은혜와 진리가 충만하더라"(14절).

기도

전지전능하신 은혜의 하나님, 이 세상을 이처럼 사랑하시사 예수님을 구주로 보내시어, 그 사건을 믿음으로 예수님을 구주로 영접하여, 은혜와 진리가 충만한 자로 오늘을 살게 해주심을 진심으로 감사드립니다. 그러나 불신앙 가운데 잘못된 성경 지식에 이끌리어, 때로는 자기 욕심에 이끌리어 예수님이 누구이신지 알지 못하며, 그리스도가 주시는 안식의 충만함에 이르지 못하여 잘못된 믿음으로 살아가는 죄인을 용서하여 주시옵소서. 이 어두운 캄캄한 세상에 이 복음의 비밀을, 성육신의 신비를, 아기 예수님의 탄생의 소식을 담대히 증거하며, 하나님께 영광 돌리는 삶을 살아갈 수 있도록 함께하여 주시옵소서. 우리 주 예수 그리스도의 이름으로 간절히 기도드리옵나이다. 아멘.

03
──────────

나는
그 길이다

🌿
──────────

너희는 마음에 근심하지 말라 하나님을 믿으니 또 나를 믿으라 내 아버지 집에 거할 곳이 많도다 그렇지 않으면 너희에게 일렀으리라 내가 너희를 위하여 거처를 예비하러 가노니 가서 너희를 위하여 거처를 예비하면 내가 다시 와서 너희를 내게로 영접하여 나 있는 곳에 너희도 있게 하리라 내가 어디로 가는지 그 길을 너희가 아느니라 도마가 이르되 주여 주께서 어디로 가시는지 우리가 알지 못하거늘 그 길을 어찌 알겠사옵나이까 예수께서 이르시되 내가 곧 길이요 진리요 생명이니 나로 말미암지 않고는 아버지께로 올 자가 없느니라

◆ 요한복음 14:1-6

03

나는 그 길이다

인도를 깨운 기독교 지도자 선다 싱에 관한 일화를 소개하겠습니다. 그가 하루는 한 힌두교 대학을 방문했는데, 그 학교의 한 강사가 그에게 이런 다소 공격적인 질문을 하였습니다. "이전의 종교에서는 가지지 못했으나, 지금 당신이 기독교에서 발견한 것은 무엇입니까?" 이 질문에 선다 싱은 이렇게 대답했습니다. "제게는 그리스도가 있습니다."

그러자 그 강사가 또 이렇게 질문했습니다. "그것은 저도 알고 있습니다. 온 세상 사람들이 기독교가 예수를 믿는 종교라는 걸 다 알고 있지요. 그런 뻔한 말씀은 하지 마시고, 당신이 이전에 갖지 못했던 특별한 원리나 교리를 발견하신 것이 있는지, 그걸 말씀해 주십시오." 그러자 선다 싱은 빙그레 웃으며 이렇게 대답했답니다. "제가 발견한 특별한 그것이 바로 그리스도입니다." 깊이 생각해 보시기 바랍니다.

오직 예수 그리스도

성도 여러분, 기독교와 타 종교를 구별하는 시금석은 오직 예수 그리스도입니다. 예수 그리스도의 성육신 사건, 십자가와 부활 사건, 그리고 살아 계신 그리스도가 특별한 사건이요, 그 안에 특별한 계시가 있고, 그 속에 하나님이 우리에게 주시는 뜻이 나타나 있는 것입니다.

오늘 이 시대는 기독교가 계속 분열되고 있는 것을 보여주고 있습니다. 초대교회 이후로 교회가 계속 분열됩니다. 크게는 교파와 교단으로, 작게는 각각의 교회들로 계속 분열됩니다. 앞으로도 계속 이런 일이 있을 것입니다. 그 원인이 무엇입니까? 바로 예수 그리스도에 대한 다른 의견과 지식을 갖고 있어서입니다. 계속 다른 답을 주기 때문입니다. 예수님은 동일한 답을 주시는데 예수 믿는 교회가, 기독교가 계속 다른 답을 주는 것입니다.

그러니 사람들은 혼동하게 되고, 결국 불신하게 됩니다. 구원에 관해서, 하나님 나라에 관해서, 하나님의 뜻에 관해서, 세상에 관해서, 십자가에 관해서, 교회에 대하여, 그리스도인의 삶에 대하여, 악을 이기는 방법에 대하여, 승리하는 삶에 대하여 다른 답을 주는 것입니다. 그러니 분열될 수밖에요. 불신할 수밖에 없습니다. 대신 전통, 제도, 관습을 세워서 그 위에 교회를 세우며 기독교라고 합니다. 이는 참으로 어리석은 짓입니다.

하나님의 존재와 역사와 뜻에 대한 가장 확실한 증거는 예수 그리스도입니다. 예수 그리스도 안에 모든 인생의 답이, 하나님의 말씀이 계시되어 있다는 것을 항상 기억해야 합니다. 예를 들어, 세상은 "하나님이 어디 계시냐?" 하고 묻습니다. 이 물음에 믿는 사람조차도 회의를 가질 때가 있습니다. 오직 예수 그리스도만이 답을 주십니다. 가장 확실한 증거입니다. 예수님이 이 땅에 오신 성육신이 그 답입니다. '하나님이 이 땅에 오셨다. 우리와 함께하신다.' 이보다 더 확실한 답은 없습니다.

세상 사람들은 계속해서 묻지요. "하나님의 사랑을 말하는데, 그게 뭐냐? 그게 어디 있느냐?" 확실한 답은 오직 예수 그리스도에게만 있습니다. 십자가에 나타난 사랑, 인간의 사랑이나 값싼 사랑이 아닌 진노 속의 사랑, 거룩한 사랑이 계시되어 있습니다. 이것이 가장 확실한 답입니다. 하나님의 은혜, 사랑, 지혜, 능력을 어떻게 우리가 아는 것입니까? 십자가와 부활, 이 것이 그 답입니다.

예수 그리스도 안에서 하나님께로 가는 길

성경은 사탄의 역사에 대하여 명백히 계시하며 기록하고 있 습니다. 사탄의 목적이 무엇입니까? 사탄의 정의는 예수 그리 스도를 왜곡하고 부인하고 거부하는 것입니다. 그래서 구원받 은 하나님의 사람인 그리스도인은 항상 성경으로 돌아가야 합 니다. 그리스도를 아는 지식에 충만하게 이르기를 갈망하며, 예수 그리스도와 함께하는 삶을 살아가야 합니다. 그렇지 않으 면 온갖 유혹에 쉽게 무너지고 잘못된 신앙생활을 하게 됩니 다. 이 진리는 설교집이나 신앙서적을 많이 읽는다고 얻어지는 것도 아닙니다. 오직 예수 그리스도의 말씀, 성경으로 돌아와 예수님이 누구신지, 무슨 말씀을 하셨고 또 무슨 일을 하셨는 지를 명백히 알며 오늘을 살아가야 합니다.

저명한 부흥 강사였던 빌리 그레이엄 목사님이 젊은 시절, 어느 시골의 한 작은 교회에서 설교할 때의 일입니다. 볼일이 있어서 시내에 나가 우체국을 찾는데, 결국 못 찾고 지나가는 꼬마에게 물었습니다. "우체국이 어디냐?" 그러니까 아이가 친절하게 대답해 주었습니다. 목사님은 고마워서 답례로 "너 오늘 교회로 와라." 하고 초대합니다. "오늘 저녁 교회에 오면 내가 너에게 천국 가는 길을 알려주마." 꼬마가 대답합니다. "저, 거기 안 갈래요. 아저씨는 동네 우체국 가는 길도 모르시잖아요."

예수 그리스도 안에서 세상의 성공과 번영을 찾는다면 잘못된 답을 구하는 것입니다. 예수 그리스도 안에는 하나님께 가는 길, 하나님과 함께하는 길, 이 땅에서 영생의 삶을 사는 길, 천국에 들어가는 길, 그 길이 약속되어 있다는 것을 항상 기억해야 할 것입니다.

예수님께서 오늘 말씀하십니다. 너무도 유명한 말씀입니다. "내가 곧 길이요 진리요 생명이니 나로 말미암지 않고는 아버지께로 올 자가 없느니라"(6절). "I am the way and the truth and the life." '나는 길이요 진리요 생명이다' 이것을 항상 묵상하며 살아가야 합니다. 이분이 바로 예수 그리스도입니다. 여기에 구원에 이르는 믿음이 있고, 그리스도인의 삶이 무엇이냐에 대한 답이 있습니다. 하나님과 가까이하는 삶, 하나님과 동행하는 삶, 하나님의 은혜와 지혜와 능력을 얻는 삶이 말씀 안에 있다는 것을 알아야 합니다.

그 길이신 예수님을 알지 못하는 사람들

예수님께서는 먼저 "나는 그 길이다."(I am the way)라고 말씀하십니다. 오늘 우리에게 주시는, 내게 주시는 하나님의 말씀입니다. 좀 더 깊이 생각해 보면 예수님은 "나는 진리다. 나는 생명이다."라는 말씀을 먼저 하셔야 될 것 같습니다. 그게 더 중요하니까요. 그러나 예수님은 "나는 그 길이다."라고 말씀하십니다. 왜입니까? 여기에 중요한 메시지가 있습니다.

예수님은 인간을 너무나 잘 아십니다. 인간의 타락한 본성과 마음을 잘 아십니다. 물론 인간의 마음속에 선한 양심이 있다는 점에는 동의합니다. 인류의 평화를 원하고, 하나님께 영광을 올리며 살고 싶은 마음이 있습니다. 주님의 말씀이 진리이고 영생을 얻는다고 말하며 동의할 수 있습니다. 그러나 정작 이렇게 말하는 사람들이 그 길을 따라 가지는 않습니다. 진리의 길, 영생의 길을 무시합니다. 자기 멋대로 하고 싶은 것입니다. 내 길을 가고 싶은 것입니다. 그래서 예수님은 다시 강조하십니다. "나는 그 길이다." 잘못된 길로 가면 목적지에 도달하지 못합니다. 이것이 너무나 명백한데, 비록 좋은 목적일지라도 그 방법은 자기 마음대로입니다. 여기에 문제가 있습니다.

성경에 있는 유대인의 삶, 유대인의 역사가 이것을 계시해 줍니다. 유대인은 하나님께 선택받은 민족이요, 하나님을 믿었고, 예배했고, 성경을 연구했고, 율법을 지켰고, 선행을 많이 행했습니다. 그러나 천국에 들어가지 못했습니다. 천국을 알고 하나님 나라를 알았습니다. 그러나 하나님 나라에 가까이만 있었습니다. 들어가지 못합니다. 왜 그렇습니까? 잘못된 길로 갔기 때문입니다. 잘못된 길로 가면 목적지에 도달하지 못하는 것입니다. 이것을 우리에게 계시해 주고 있습니다. 그런데 이러한 비참한 일이 계속 역사에서 반복됩니다. 지금의 교인들에게도 계속 반복되고 있다는 사실을 알아야 합니다.

도마는 예수님의 제자 중 한 명입니다. 그는 제자들과 더불어 예수님과 3년간 함께했습니다. 일주일에 한두 번 나와서 예수님 말씀을 들은 것이 아니고, 매일 매시간 3년간을 함께 살았습니다. 수많은 말씀을 들었고, 사건을 경험했으며, 하나님의 일에 힘쓰기도 했습니다. 예수님께서 십자가를 지시기 전날 밤에 유언과 같은 말씀을 하십니다. "내가 어디로 가는지, 그 길을 너희가 알리라." 예수님 생각에는 충분히 알 만큼 보이셨고, 말씀하셨습니다. 그런데 도마와 제자들은 말합니다. "모릅니다. 우리가 어찌 알겠습니까?"

이때 예수님의 마음을 생각해 보십시오. 내일이면 십자가를 지시고 죽으시는데, 3년간 하나님께 가는 길, 하나님과 함께하는 길, 천국에 들어가는 길, 영광의 길을 그렇게 많이 말씀해 주셨고 사건을 보여 주셨는데, 제자들이 모른다는 것입니다. 이들은 왜 모르는 것입니까? 그 이유는 자기 욕심에 끌려서 예수님과 함께했기 때문입니다. 듣고 싶은 것만 듣는 것입니다. 나머지는 다 제쳐놓고, 자기와 코드가 맞는 것만 좋아하는 것입니다. 그 예수님을 정치적 왕으로 모시고, 이스라엘을 회복하며, 그 속에서 자기의 꿈을 실현하고자 하는, 성취하고자 하는 마음이 가득 차 있습니다. 그러니 복음이 들리지 않지요. 예수님의 말씀이 온전히 영접되지 못하는 것입니다. 예수님의 말씀이 가감되는 것입니다.

더 나아가서는 무지 때문입니다. 모든 인간은 편견과 선입견을 가지고 삽니다. 왜 그렇습니까? 우리 인간이 역사 속에 살고 있고, 상황 속에 살고 있기 때문에 항상 왜곡된 지식을 갖고 있습니다. 이걸 깨뜨려야 되는데 하나님의 말씀을 들으면서도, 예수님과 함께하면서도 이게 깨지지 않는 것입니다. 그래서 "모릅니다."라고 대답하고 있습니다.

예수님이 말씀하신 '그 길' – 목적

예수님은 말씀하십니다. "내가 그 길이다." 여기서 길이라는 말은 은유적 표현으로 많은 의미가 함축되어 있습니다. 예수 그리스도 안에 성령의 도우심을 따라 그 길의 의미를 알고 삶에 적용할 때 우리는 비로소 형통한 삶, 승리의 삶을 살아갈 수 있게 되는 것입니다. 그 길은 인격적인 길임을 항상 기억해야 합니다. 그 길은 비인격적인 길이 아닙니다. 나는 아무것도 하지 않고, "주여, 다 해주소서. 남북통일하게 해주시고, 이 나라를 정의롭게 해주시고, 세계 평화를 이루시고"라고만 하는 그런 길이 아닙니다.

예수님께서 말씀하십니다. "내가 길이다." 예수님은 세상 속에 사셨습니다. 세상 밖에 계신 분도 아니요, 위에 계신 분도 아닙니다. 이 죄 많은 험악한 세상 속에서 예수님이 사신 그 삶 자체가 그 길입니다. 말씀과 성령의 역사로 충만한 가운데 예수님은 사셨습니다. 여기에 그리스도인의 삶이 있는 것입니다. 말씀과 성령의 역사로 영적인, 인격적인 삶을 살 때 비로소 주와 함께하는 삶을 살아갈 수 있습니다.

예수님의 말씀 안의 그 길은 추상적인 것이 아닙니다. 직접 사신 실제의 길입니다. 그런데 예수님이 사신 길은 너무나 새로운 길입니다. 세상이 알지 못했던, 인간이 알지 못했던, 예수 믿기 전에는 알지도 못하고 깨닫지도 못하던 그런 길이었습니다. 완전히 새로운 길입니다. 성도 여러분, 예수님의 십자가와 부활이 그것을 우리에게 항상 깨닫게 해줍니다. 예수님의 십자가와 부활 사건을 믿을 때 새로운 방식, 새로운 길을 보게 됩니다. 그 속에 하나님과 함께하며, 하나님께 영광 돌리는 길이 우리에게 나타나 있는 것입니다.

이 길의 목적지가 어디입니까? 예수님이 사신 길, 그 길을 따라가면 어디에 도달하는 것입니까? 이 세상의 개혁과 개선도 아니요, 세상에서의 성공과 부와 명예와 영광도 아닙니다. 그 길을 따라가면 하나님께로 가는 것입니다. 그 길을 따라가면 천국에 들어가는 것입니다. 여기서 벗어나면 안 됩니다.

도마와 제자들은 예수님과 3년을 함께 있었지만, 알지 못했습니다. 다른 사람이 보기에 예수님과 동행하는 사람 같았지만, 목적지를 제대로 파악하지 못했습니다. 예수님과 함께하면서도 항상 세상을 꿈꿨습니다. 세상에서 내 꿈을 실현하고, 세상에서 위대한 업적을 이루고, 세상에서 자기 욕망을 실천하고자 하는 잘못된 목적지를 갖고 있었던 것입니다. 오늘날 많은 교인이 이 함정에 빠져 있습니다. 목적지가 잘못되면 항상 근심과 불안과 회의, 두려움과 절망 중에 살아가게 됩니다. 목적지는 하나님께로, 하나님이 계신 천국으로 가는 것입니다. 이것을 분명히 기억해야 합니다.

예수님이 말씀하신 '그 길' – 방법

무엇보다도 예수님이 말씀하시는 그 길이란 '어떻게'(How) 를 말씀하는 것입니다. 목적을 이루는 그 방식, 방법입니다. 모 든 그리스도인은 '하나님께 영광'이라고 말하지만, 방법이 잘 못되어서 영광을 돌리지 못합니다. 천국을 소망하지만, 방법이 잘못되어서 천국에 들어가지 못합니다. 심지어 많은 선행을 행 하기를 원하지만, 행한다 할지라도 방법이 잘못되어서 오히려 싸우고, 분열되고, 실족하게 됩니다. 방법과 방식이 잘못되면 목적지에 도달하지도 못하고, 목적을 이룰 수 없다는 것을 항 상 기억해야 합니다.

이스라엘 사람들은 항상 예배를 드렸습니다. 그러나 잘못된 방식으로 예배를 드렸기 때문에 내게 주신 하나님의 말씀을 듣 지도 못하고, 하나님과 아무 상관이 없는 종교인이 되고 만 것 입니다. 오늘도 모든 기독교인이 예배를 드리지만, 방식이 잘 못됐습니다. 매번 인간 중심으로 가는 것입니다. 사람을 기쁘 게 하려고 합니다.

하지만 참 예배란 하나님을 기쁘게 해드리는 것입니다. 하 나님의 임재를 갈망하며, 하나님을 경외하며, 하나님의 말씀을 듣고, 하나님 구원의 은총에 감사하고 헌신하는 그것이 참 예배인 것입니다. 그런데 여기에 자꾸 다른 요소가 들어옵니다. 그러면 예배가 예배 되지 못하는 것입니다. 이것을 분명히 알아야 합니다.

이런 이야기가 있습니다. 빵집을 운영하는 사람이 있었는데, 그가 교회에서 "하나님, 복을 주십시오!" 하면서 큰소리로 열정적인 기도를 했습니다. 그 옆에 있는 사람이 기도하다가 좀 못마땅해서 그를 쿡 찌르면서 이렇게 말했답니다. "형제님, 기도 소리는 좀 작게 하시고, 대신 빵을 더 크게 만들면 분명히 하나님께서 더 큰 복을 주실 겁니다."

이게 맞는 얘기 아닙니까? 기도란 하나님의 방식으로 해야 합니다. 그런데 화려한 언어를 쓰고, 자신을 사람들에게 보여 주려고 합니다. 이런 기도는 기도가 아닙니다. 사람은 속여도 하나님은 속이지 못하지요. 기도는 하나님의 뜻을 분별하는 것입니다. 기도 속에서 하나님과 교제하며, 하나님 말씀을 듣고, 내가 할 일을 결단하고 순종하는 것입니다.

예수님의 유일한 길, 십자가

저명한 신학자였던 유진 피터슨 목사님이 쓴 『그 길을 걸으라』라는 책이 있습니다. 이 책은 필독서입니다. 이 책에서 목사님은 참으로 담대한, 그리고 명료한 선언을 합니다. "마귀의 유혹은 오직 방법들에만 열중되어 있다." 항상 유념하십시오. 방법이 잘못되면 다 잘못되는 것입니다. 마귀는 항상 방법을 통해서 유혹합니다. 그 근거로 예수님의 사건을 설명합니다. 예수님의 광야 사건을, 시험받는 사건을 말합니다. 왜냐하면 예수님이 지금 첫 공생애를 시작하실 때 하나님 나라를 선포하시고, 은혜의 복음을 전하시는 가장 중요한 시기에 그 거룩한 목적을 흔들지는 않습니다. 주님의 목적을 건드려봐야 소용이 없습니다. 그러니까 방법을 흔들어버립니다. 그 방법을 유혹하는 사건이 성경에 기록되어 있습니다.

먼저, 돌을 변하여 떡이 되게 하라고 유혹합니다. 세상 사람들에게는 자신이 필요로 하는 것이 중요합니다. 이것이 경제이고 삶입니다. "그러니 그들의 갈망을 충족시켜라." 돌이 변하여 떡이 되면, 온 세상의 종교 문제가 다 해결되는 것입니다. "그러면 하나님 나라가 단번에 확장되고 수많은 사람이 몰려들 것 아니냐? 선한 일을 해라. 구제하고, 봉사를 통해서 사람들을 기쁘게 하고, 기적을 통해서 경제적 번영을 이루게 하라! 그러면 사람들이 다 몰려올 것이다." 정말 그럴 것입니다. 그렇지 않습니까? 오늘도 마찬가지입니다. 그런데 예수님은 안 하셨습니다. 잘 기억하십시오. 하실 수 있는 분인데도 안 하신 것입니다. 못하시는 게 아니라, 안 하시는 것입니다.

또한 성전에서 뛰어내리라고 유혹합니다. 그 말대로 성전에서 뛰어내리면 죽는 것입니다. "그런데 하나님의 아들이라면 하나도 다치지 않을 것이다." 그 순간 모든 사람의 관심을 갖게 하고, 사람들을 흥분시키고 선동하는 것입니다. 인기를 얻습니다. 이 종교적 인기, 종교적 초월 능력을 통해서 교회를 성장시키고, 하나님 나라를 전파하라고 종용하는 것입니다. 그러면 사람들이 눈 깜짝할 사이에 몰려들 것입니다. 이 방법으로 얼마나 많은 교회가 잘못되는지 모릅니다. 그러다 보니까 자꾸 선동하게 되고, 조직을 만들고, 프로그램을 늘려서 성장하라고 합니다. 성도 여러분, 이것은 종교이지 기독교가 아닙니다. 저는 이렇게 점잖게 이야기하지만, 유진 피터슨은 뭐라고 썼을까요? "적그리스도교회다. 이러한 교회는 하나님을 욕되게 하는 교회다." 왜 그렇습니까? 그 길을 떠났기 때문에 그렇습니다. 예수님이 말씀하신 그 길에서 멀어졌기 때문입니다. 깊이 생각해야 합니다.

그리고 사탄이 예수님을 유혹합니다. "한 번만 내게 절하라. 그러면 이 세상을 주리라." 예수님으로 하여금 세상을 지배하라는 유혹을 합니다. "단 한 번으로 그렇게 고생할 거 없어. 단 한 번으로 온 세상을 지배하게 나도 도와주마." 그런데 거기에는 복음도 없고, 말씀도 없고, 희생도 없고, 사랑도 없고, 헌신도 없습니다. 예수님은 거절합니다. 성도 여러분, 하나님께 영광 돌리는, 하나님 나라를 위한 예수님의 방식이 무엇입니까? 인격의 길을 가셨습니다. 말씀의 길을 가셨습니다. 그래서 예수님은 "기록되었으되" 하시며 오직 말씀으로 승리하십니다. 그 길이 십자가입니다. 십자가의 복음만이 믿는 자로 하여금 하나님의 자녀 되게 하고, 새로운 방식으로 새로운 길을 따라 하나님과 함께하는 삶을 살게 하기 때문입니다.

예수님만 믿고 따라가는 길

영국이 존경하는 목회자인 켄달 목사님이라는 분이 있습니다. 그는 이미 고인이 되었는데, 이런 일화가 있습니다. 당시에 고인이 된 전 팔레스타인 최고 지도자 야세르 아라파트와 이야기할 때의 일입니다. 처음 그를 만났을 때 아주 직설적으로 이렇게 질문했다고 합니다. "제가 지금 당신께 가장 필요하고, 가장 중요한 질문을 한 가지 하려고 합니다. 그것은 당신이 예루살렘을 차지하느냐, 아니면 이스라엘을 차지하느냐가 아닙니다. 백 년 후 당신은 어디에 있을 것 같습니까? 천국입니까? 지옥입니까?" 예수님의 십자가와 부활 사건은 모든 것을 뒤집어

놓았습니다. 아무리 인간이 선하고, 희생하고, 헌신하고, 사랑해도 천국에 들어가지 못합니다. 하나님께 가까이 갈 수가 없습니다. 왜냐하면 죄 중에서 살고, 죄의 권세 아래 있기 때문입니다. 그런데 하나님께서 하나님의 방식으로 구원의 길을 예비하셨습니다. 오직 십자가의 복음을 믿음으로 하나님의 자녀 되고, 천국에 들어가며, 그 길을 따라 오늘 영생의 삶을 살아가게 됩니다. 얼마나 놀라운 사건입니까!

예수님의 십자가는 유일한 길입니다. 그 길의 완성입니다. 다른 길은 없습니다. 다른 어떤 길도 하나님과 함께하며, 하나님의 복을 누리며, 하나님께 가까이 나아가는 길은 없습니다. 오직 예수 그리스도 안에서 십자가의 복음, 천국 복음을 믿음으로 우리는 날마다 새로워집니다. 새로운 방식으로, 새로운 방법으로 오늘을 살아갑니다. 다시 묻습니다. 기도에 대해서도, 예배에 대해서도, 하나님께 나아가는 길에 대해서도, 천국에 대해서도, 영생에 대해서도, 선행에 대해서도, 인생에 대해서도 모든 새로운 답을 얻으며, 새로운 길을 얻게 됩니다. 그것이 바로 복음적 생각과 방식으로 사는 삶이요, 그것이 바로 예수님의 길이요, 예수님의 방식입니다.

미국의 유명한 정치인이며 불신론자인 로버트 잉거솔이 임종 때 자기 딸과 한 이야기입니다. "아버지께서는 이 세상을 사실 날이 얼마 남지 않았습니다. 저는 아버지께서 돌아가신 후에 아버지의 뒤를 따라가야 합니까, 아닙니까?" 그는 무신론자였지만 이렇게 답합니다. "지금껏 내가 주장하는 무신론은 허무한 것이었다. 이제야 깨달았다. 나는 아직도 어디로 와서 어디로 가는지 알지 못한다. 그러니 너는 네 어머니를 따라 예수를 믿어라."

살아 계신 그리스도께서 오늘도 말씀하십니다. "나를 따르라." 성도 여러분, 그리스도는 예수님을 따라가는 사람입니다. 믿고 따라가는 것입니다. 예수 그리스도께 모든 질문의 답을 얻고, 그 길을 따라 살면 그것이 영생의 삶이요, 그대로 천국 들어가는 것입니다. 예수님께서 오늘도 말씀하십니다. "I am the way." "나는 그 길이다."

기도

전지전능하신 은혜의 하나님, 오직 예수 그리스도 안에서 하나님의 복음을 믿음으로 하나님의 자녀 되었건만, 아직도 예수님이 사신 길을 따라가지 아니하며, 그 길의 목적지를 잘못 알고 있으며, 그 길을 알지 못하는 것처럼 예수님과 아무 상관이 없는 인생을 살아가는 잘못된 신앙생활을 용서하여 주시옵소서. 예수님이 나의 구주이심을 날마다 고백하면서도 그 길을 따라가지 아니하며, 그 길이신 예수님을 무시한 채 세상 방식으로, 내 방식으로 무언가를 이루고자 몸부림치는 허탄한 인생을 불쌍히 여겨주시옵소서. 오직 예수님의 방식으로, 예수님의 길을 따라 믿음으로 살아 오늘 이 땅에서 영생의 삶을 살며, 구원의 하나님의, 천국의 증인으로 승리하는 삶을 살아갈 수 있도록 함께하여 주시옵소서. 우리 주 예수 그리스도의 이름으로 간절히 기도드리옵나이다. 아멘.

나는
그 진리다

너희는 마음에 근심하지 말라 하나님을 믿으니 또 나를 믿으라 내 아버지 집에 거할 곳이 많도다 그렇지 않으면 너희에게 일렀으리라 내가 너희를 위하여 거처를 예비하러 가노니 가서 너희를 위하여 거처를 예비하면 내가 다시 와서 너희를 내게로 영접하여 나 있는 곳에 너희도 있게 하리라 내가 어디로 가는지 그 길을 너희가 아느니라 도마가 이르되 주여 주께서 어디로 가시는지 우리가 알지 못하거늘 그 길을 어찌 알겠사옵나이까 예수께서 이르시되 내가 곧 길이요 진리요 생명이니 나로 말미암지 않고는 아버지께로 올 자가 없느니라 ◆ 요한복음 14:1-6

04

나는 그 진리다

한 젊은이가 노인을 찾아가 "선생님, 진리란 무엇입니까?"라고 물었습니다. 노인은 대답했습니다. "깨달은 사람들이 말하는 것이다." 이 대답에 젊은이는 못마땅한 표정을 지으며, "깨달은 사람이란 어떤 사람입니까?"라고 다시 물었습니다. 노인은 대답합니다. "눈뜬 사람이다." 이 대답을 들은 젊은이는 퉁명스럽게 반응했습니다. "말씀이 참 애매하군요. 뭔가 멋진 대답을 기대했는데요."

그러자 노인이 한 권의 책을 들고 펴서 보여주며 말했습니다. "이것은 성자의 말씀이요. 여기에 그렇게 쓰여 있소." 그러자 젊은이는 반색하며 말했습니다. "역시 그렇군요. 어쩐지 훌륭한 말씀이었어요." 그러자 노인은 한숨을 쉬며 이렇게 말했답니다. "내 말이라고 하면 시원치 않게 여기더니, 성자의 말씀이라고 하니 그럴듯하게 여겨지시오?" 깊이 생각해 보시기 바랍니다.

그리스도와 진리를 아는 지식

성도 여러분, 여러분은 얼마나 진리를 알고, 분별하며, 진리 안에서 살아가고 있습니까? 구원받은 그리스도인이란 진리를 추구하며, 진리를 사랑하며, 진리와 함께 진리 안에 살아가는 사람을 의미합니다. 그리스도를 아는 지식이란 진리를 아는 지식과 동의어입니다. 그리스도를 믿는다는 것은 진리를 믿는다는 것입니다. 그리스도와 함께한다는 것은 진리와 함께하며, 진리를 기뻐하며, 진리에 순종하는 삶을 의미합니다. 진리란 영원한 것이요, 변하지 않는 것이며, 실재하는 것입니다.

온 인류가 자유, 평화, 존엄 등의 의미를 추구하지만, 진리를 떠나서는 그것을 얻을 수 없습니다. 오직 진리 안에서만 자유, 평강, 의미 있는 삶을 누릴 수 있습니다. 그러나 오늘 이 시대는 진리에 관심이 없습니다. 진리가 무엇인지를 묻는 사람에게는 "저 사람 조금 이상한 사람 아니야?" 하고 반응하는 것이 요즘 시대 사람들입니다. 대신 성공이냐 실패냐, 보수냐 진보냐, 좌파냐 우파냐 하는 데에 관심을 갖습니다. 참으로 잘못된 세대입니다. 오직 진리 안에서만 참 인간의 삶이 있고, 의미 있는 삶이 있다는 것을 기억해야 할 것입니다.

어느 대학의 철학과 교수가 항상 낡은 노트를 가지고 다니면서 강의를 했습니다. 언뜻 봐도 10년이 넘은 아주 낡은 노트인데, 그것을 항상 들고 다니면서 그 노트를 펴고 강연을 했습니다. 그런데 학생들 보기에 이게 좀 못마땅한 것입니다. 한 학생이 이렇게 질문했습니다. "교수님, 교수님께서는 몇 년째 그 낡은 노트를 보시면서 천편일률적인 강의를 하셨는데 말입니다. 새로운 연구는 전혀 없으신 겁니까?" 그 철학 교수는 언짢은 듯 이렇게 말했답니다. "이봐 학생, 진리는 영원불멸하다는 것도 모르나?"

성도 여러분, 인간은 진리를 추구하는 존재임과 동시에 진리를 항상 왜곡하는 존재라는 것을 잊어서는 안 됩니다. 인간은 탐심과 욕망에 맞추어 진리를 추종하는 듯 보입니다. 그러나 그 진리가 왜곡되는 경우가 너무나 많습니다. 내 마음에 들고, 내게 유익이 되면 진리라고 받아들입니다. 그러나 마음에 들지 않으면 관심도 주지 않습니다. 하지만 인간의 탐심과 욕망은 진리에 의해서 맞춰져야 하고, 수정되어야 합니다. 진리가 나를 끌어가야 합니다. 그러나 욕망이 나를 끌어가니 바른 인생을 살아갈 수 없는 것입니다. 그래서 먼저 우리는 진리가 무엇인지를 분별해야 합니다. 그러기 위해서 진리가 아닌 것이 무엇인지를 알아야 합니다. '그렇다, 아니다'에 대한 분별력이 없으면 맹목적인 신앙생활을 할 수밖에 없습니다. 내가 진리를 안다고 아무리 자부하고 있어도 진리가 아닌 것을 분별하지 못하면 왜곡된 진리에 끌려가기 때문입니다.

진리가 아닌 것들

진리가 아닌 것 중에서 첫 번째는 체험입니다. 사람들은 체험을 진리로 생각합니다. 체험은 진리가 아닙니다. 이것은 간단한 원리지만 기억하시기 바랍니다. 개인이나 집단의 체험에는 강력한 힘이 있습니다. 거기에 확신이 생깁니다. 그래서 그것을 진리라고 생각하는 것입니다. 그러나 진리는 체험이 아닙니다. 다수가 경험하고 확신을 가지면 강력한 힘을 발휘합니다. 거기다가 성실하고 열성이 있으면 더욱더 진리라고 착각합니다. 그러나 진리가 체험될 수 있는 것이지, 체험 자체가 진리는 아닙니다.

오늘날 기독교 안에 간증이라는 것, 거기에 문제가 있습니다. 죽을 뻔한 상황에서, 그런 병이나 재난에서 고침을 받고 벗어나서 성공했습니다. 나름대로 굉장히 큰 영향력이 있고, 나름대로 그 안에 진리가 있다고 확신하는지 모르지만, 체험은 체험일 뿐입니다. 간단한 예로, 어느 누가 십자가를 체험하겠습니까? 어느 누가 부활을 체험하겠습니까? 체험하고 경험한 그것이 진리라고 하는 것은 진리를 왜곡하는 것입니다.

또한 진리는 깨달음이 아닙니다. 깨달음은 체험보다 더 높은 차원에서 벌어지는 일입니다. 이 세상에서 진리라고 소개된 것들을 보십시오. 위대한 종교 창시자들이나 철학자들이나 사상가들의 깨달음으로부터 시작된 것이거든요. 그런데 여기에는 영원성이 없습니다. 절대성이 없습니다. 예를 들어, 시간의 처음, 곧 태초를 깨닫지 못합니다. 자신의 한 시대를 살았을 뿐입니다. 그냥 추상화하는 것입니다. 더 나아가서 종말을 깨닫지 못합니다. 이것은 진리가 아닙니다. 시대마다 변화되기 때문입니다. 상황에 따라 변하는 것은 참 진리가 아닙니다. 그것은 진리의 단서들이요, 진리와 유사한 것들일 뿐입니다. 백 프로 진리가 아님을 분명히 알아야 합니다.

또한 정통주의라는 것 역시 진리가 아닙니다. 각 종파들, 교단들 다 전통을 자랑합니다. 그러나 이것 역시 진리가 아닙니다. 우리는 다수가 동의하면 진리를 소유하고 있고, 진리를 주장할 수 있다고 생각합니다. 그러나 이것만으로는 진리가 될 수 없습니다. 진리에 무엇인가를 더하거나 뺀 다른 주장일 뿐입니다. 진리 위에 새로운 전통과 관습과 제도를 세우면서 "우리가 진리다."라고 말하지만, 사실은 진리와 한참 멀리 떨어져 있는 것입니다.

한 젊은이가 스승을 찾아와 물었습니다. "어떻게 해야 진리를 얻을 수 있습니까?" 스승은 한참 생각한 후에 갖고 있던 지팡이로 곁에 있는 어항을 와장창 깨뜨립니다. 어항이 깨지고, 물이 쏟아지고, 금붕어가 바닥에 나뒹굽니다. 그 순간 스승이 이렇게 말합니다. "어항이 깨지고, 물이 쏟아질 수 있는 것처럼 내 삶의 시공간이 깨져 나가고, 지금 내 현실이 영원한 것이 아님을 알 때 진리가 동트기 시작할 걸세."

진리란 내 안에 있는 모든 것을 깨뜨립니다. 모든 세계관을 깨뜨리는 것입니다. 그리고 새로운 진리의 세계를 보게 되는 것입니다.

진리의 시작과 중심인 예수 그리스도

예수님께서 오늘 우리에게 말씀하십니다. "나는 진리다." "I

am the truth." 엄청난 선언이요, 위대한 선포입니다. 예수님은 지금 "나는 참 진리를 깨달았다. 비로소 진리를 알았다."라고 말씀하시지 않습니다. "나는 진리다."라고 말씀하십니다. 생각해 보십시오. 이 세상의 위대한 종교 창시자나 모든 사상가들은 "비로소 진리를 깨달았다. 나는 이것을 깨달았다. 이것이 진리다." 하고 말합니다. 그러나 어느 누구도 "나는 진리다."라고 말하는 사람은 없습니다. 그렇게 말하는 사람은 정신이 나간 사람이거나, 아니면 하나님이거나 둘 중 하나입니다. 예수님은 말씀하십니다. "나는 그 진리다." 이 말씀 속에 예수님이 누구신지를 선포하고 있는 것입니다. "나는 그 진리다." 항상 묵상해야 합니다.

기독교는 그 진리를 선포하는 것입니다. 진리를 가감해서는 안 됩니다. 오직 거듭난 그리스도인만이 예수님이 진리임을 믿고, 진리에 대한 분별력을 비로소 갖게 되고, 진리 안에 오늘을 살아가게 되는 것입니다. 진리의 시작과 중심은 예수 그리스도입니다. 구원에 이르는 믿음이 바로 여기에 있는 것입니다.

비로소 알았습니다. 예수 믿기 전에는 "이것이 진리다. 저것이 진리다."라며 진리를 추구하고 진리를 배우려고 애를 써봤는데, 항상 모호합니다. 그런데 비로소 예수님을 믿고, "나는 진리다."라는 이 말씀을 믿고서야 분별력이 생겼습니다. 진짜를 알고 나니 가짜가 보이기 시작했습니다. 세상에 수많은 진리의 단서들, 종교와 철학이 말하는 진리 같은 것들, 그건 진리가 아니었습니다. 이것을 알아야 합니다.

저 역시도 철학과를 다녀서 4년 내내 '진리가 무엇인가?'에 대한 깊은 관심을 가지고, 수많은 철학자를 공부했습니다. 그때는 그게 제일인 줄 알았습니다. 그러나 진리이신 예수님을 알고 나서 깨달았습니다. '아, 이렇게 간단한 걸! 이 말씀 하나 믿으면 명백하게 보이는 걸!'

성도 여러분, 예수 믿는다는 것은 진리를 믿는다는 것이요, 진리의 분별력을 갖기 시작한다는 것을 의미합니다. 예수님이 말씀하신 이 진리는 계시입니다. 무엇을 계시하십니까? 하나님을 계시합니다. 모든 진리의 궁극은 하나님입니다. 그런데 하나님을 계시하지 못하면 그건 진리가 아닙니다. 예수님은 하나님을 계시하시며 진리를 계시하십니다. 오직 그분만이 계시하십니다. 왜냐하면 그분이 하나님이시기 때문입니다. 하나님이신 그분을 믿는 것입니다.

예수님의 십자가 진리를 예로 들어봅시다. 십자가를 통해 예수님은 진리를 계시하십니다. 하나님의 거룩한 사랑을 먼저 계시하십니다. 세상이 말하는 사랑과는 차원이 다릅니다. 십자가의 사랑을 생각해 보십시오. 하나님의 심판과 진노 속에 녹아 있는 하나님의 크고 강권적인 사랑이 십자가에 계시되어 있습니다. 그 사실을 우리가 믿음으로 구원받은 것입니다.

이 십자가 안에 하나님의 영광이 계시되어 있습니다. 인간의 영광과는 차원이 다릅니다. 십자가 안에서 하나님의 구원의 역사와 하나님의 뜻이 명확히 드러납니다. 또한 그 십자가 안에 하나님의 지혜와 능력이 계시되어 있습니다. 그런데 믿음이 없는 자는 아무리 책을 읽고 성경을 봐도 무슨 말인지 모릅니다. 이것이 무슨 뜻인지, 무슨 말인지 도통 알 수가 없습니다. 그러나 믿는 자들에게는 구원의 능력이 십자가 안에 있습니다. 하나님의 신비가 계시되어 있습니다. 하나님의 지혜가 그 안에 있습니다. 그 진리를 알 때마다 충격을 받고, 깨어지고, 놀라며, 새로워지는 것입니다.

진리의 핵심인 역사적인 예수님

요한복음 14장 7절에서 예수님이 말씀하십니다. "너희가 나를 알았더라면 내 아버지도 알았으리로다." 너희가 나를 알았더라면 하나님도 알고 하나님을 보았다는 것입니다. 얼마나 굉장한 선언입니까! 그런고로 진리이신 예수님을 믿는다면 이 세상에 잘못된 진리가 보이기 시작합니다. 석가모니, 공자, 소크라테스 등 세상의 위대한 영웅이라고 하는 사람들이 선포하는 진리가 거짓인 것을 알게 되는 것입니다. 예수 그리스도 안에서 보면 이들이 가장 위험한 사람들입니다. 왜냐하면 진리라고 말하면서 하나님을 드러내지 않기 때문입니다. 항상 모호합니다. 그럴듯한데, 그 진리를 따라가면 하나님을 안 믿게 됩니다. 그게 가짜라는 것입니다. 참 진리는 하나님을 계시하는 것입니다.

그리고 이 계시된 진리는 느끼는 게 아닙니다. 계시된 진리는 깨닫는 것입니다. 이성적으로 생각하고 배워서 깨닫는 것입니다. 지적 이해가 먼저입니다. 지성적 이해가 먼저입니다. 그런데 오늘 시대는 자꾸 이 진리를 느끼려고 합니다. 분위기로 알려고 그럽니다. 보이는 것으로 채우려고 그럽니다. 그래서 점점 교회가 진리와 멀어지는 것입니다. 하나님의 진리는 이성적 생각을 통해서, 지성을 통해서 깨달아 배운 것임을 잊어서는 안 됩니다.

그리고 예수님께서 말씀하신 그 진리의 핵심은 역사적 예수를 말하는 것입니다. 다시 말해서, 다만 승천하신 예수님만을 이야기하는 게 아닙니다. 예수님은 이 말씀을 십자가를 지시기 전날 밤에 말씀하셨습니다. "나는 그 진리다." 이 땅에 오신 예수님 자신을 말씀하시는 것입니다. 이 험악한 세상에서 고난

받으시고, 박해받으시고, 모든 고통을 체험한 예수님 자신이 진리라는 말입니다. 모호하지 않습니다. 주께서 말씀하십니다. "나는 그 진리다."

그래서 참 진리는 예수님의 성육신 사건, 십자가 사건, 부활 사건, 그리고 그 말씀 사건에 있는 것입니다. 그 진리를 기뻐하고, 지혜를 사모하는 사람은 항상 예수님을 알리길 희망합니다. 그리스도를 아는 지식에 가까이 가는 것입니다. 그것이 진리를 아는 길이기 때문입니다. 그런고로 신약성경을 자주 읽어야 합니다. 구약성경에서는 그 진리를 발견하기 힘듭니다. 예수님이 "나는 진리다." 하시는데, 구약성경에서는 그 예수님을 찾기가 어렵습니다.

그리고 신약성경에서도 복음서를 봐야 합니다. 복음서는 예수님의 활동, 역사적 예수에 대한 사건이 기록된 것입니다. 서신서는 승천하신 예수님의 말씀 사건을 기록합니다. 서신서는 교회에서 나타나는 여러 가지 문제와 복음을 선포할 때 나타나는 다양한 문제들을 해결하는 과정에서 주시는 말씀들입니다. 그러나 정말로 중요한 물음, 역사적 예수가 누구인지에 대한 해답은 복음서에 집중되어 있거든요. 특별히 전도할 때 우리는 역사적 예수를 전해야 합니다. 왜냐하면 사람들은 진리를 모르기 때문입니다. 진리에 관심이 없습니다. 그러기에 진리이신 예수로 접근하는 것입니다.

저는 제 자녀들에게도 그렇고, 성도님들에게도 자주 말씀드렸지만, 특히 안 믿는 분들에게 권면할 때 요한복음을 제시합니다. 왜냐하면 역사적인 예수를 가장 명쾌하게 정의 내리고 설명한 말씀이기 때문입니다. 특별히 요한복음을 묵상하면 역사적인 예수님을 선명하게 알 수 있습니다. 이 말씀 안에 모든 진리가 있다는 것을 믿고, 깨닫고, 확신할 때 바르게 증거할 수 있습니다.

인격적 관계 속에 발견되는 진리

더욱더 놀라운 예수님의 선포는 이것입니다. 모든 세상 종교에서 말하는 진리는 '무엇'(What)입니다. 그 무엇을 배우자는 것입니다. 그런데 예수님은 완전히 뒤집으십니다. 예수님은 '누구'(Who), 즉 인격을 말씀하십니다. 그래서 말씀하십니다. "나는 진리다." 이것은 온 세상의 진리관을 뒤집는 것입니다. 그리스도인이 되었다, 거듭났다는 것은 지금까지 고집하던 자신의 세계관과 진리관이 뒤집어지는 것입니다. 더 이상 'What'을 따라다니지 않습니다. 'Who'를 추구합니다. 인격을 향해 나가는 것입니다. 그래서 기독교에서 말하는 참 진리는 인격적 관계를 맺어야 알 수 있는 진리입니다. 예수님과 바른 관계를 맺어야 그 속에서 진리를 발견할 수 있습니다. 진리 자체를 좇아서는 진리를 알 수가 없습니다. 진리는 예수님과 함께하고, 예수님과 더불어 살아가는 중에 발견되는 것입니다. 진리를 추구하며, 진리를 사랑하며, 진리를 기뻐하며, 진리를 즐거워하며, 진리 안에 살아가게 됩니다. 이것이 하나님의 역사요, 하나님의 뜻입니다. 신비로운 것입니다. 아무리 머리 좋은 철학자들이라고 해도 성경을 펴서 이 말씀을 이해하고 주석까지 살펴도 알지 못합니다. 왜 그렇습니까? 'What'을 찾으니까 안 되는 것입니다.

"예수님이 누구시냐?"라는 질문 속에서 예수님이 하신 말씀, "나는 진리다."라는 말씀이 믿어지고, 이게 영접되어야 합니다. 이 말씀 속에서 진리를 발견하는 것이 하나님의 방식입니다. 그래서 하나님께서 성령을 우리에게 주신 것입니다. 진리의 영으로 성령이 오셨습니다. 그 성령께서 진리를 깨닫게 하시고 기억나게 하십니다. 이게 하나님의 방식입니다. 성령의 역사가 없다면 어느 누구도 진리를 만날 수도 없고, 깨달을 수도 없고, 체험할 수도 없습니다.

성도 여러분, 진정 여러분은 진리를 추구하며, 분별하며, 오늘을 살아가십니까? 진리와 인격적 관계를 맺으며, 진리 안에서 진리와 함께 진리의 증인으로 오늘을 살아가십니까? 만일 '예'라는 답이 나오면 그 사람은 거듭난 그리스도인이요, 진리의 사람이요, 영생의 삶을 오늘 살아가는 것입니다. 그러나 예수님을 믿고, 예수님이 좋다고 하면서도 아직도 진리를 모른다면 순식간에 맹목적 신앙생활을 하며, 잘못된 진리에 끌려갈 것입니다. 즉시 회개하고, 성령께 기도해야 합니다. '성령이시여, 참 진리이신 예수님을 그대로 믿고, 영접하며, 그 안에서 진리를 발견하게 하소서.' 예수님이 가신 길, 사신 길은 진리의 길이었습니다. 모든 그리스도인은 그 길을 갑니다. 진리의 길을 갈 때 하나님과 동행하는 삶을 살아갈 수 있습니다. 그 길은 영생의 길이요, 천국으로 가는 길입니다.

진리와 함께 살아가는 그리스도인

15세기에 도미니크 수도사였던 사보나롤라라는 하나님의 사람의 일화입니다. 그는 당시 교회가 너무나 부패해서 그것을 지적하며, 개혁을 강조한 사람입니다. 그런데 당시 새롭게 교황이 된 알렉산더 6세는 참으로 잔인하고 탐욕스러운 사람으로 알려져 있었습니다. 실제 역사상 가장 부패한 교황 중 하나로 이 사람이 꼽히는데, 그의 별명이 '교황계의 네로'입니다.

그래서 사보나롤라는 그 교황이 얼마나 탐욕스럽고, 잘못된 사람이고, 진리를 떠난 사람인지를 만천하에 드러나게 합니다.

이에 교황청은 그에게 여러 신호를 보내다가 마지막에 도저히 안 되니까 회유합니다. 당장 교황을 비판하는 것을 멈추고, 설교도 하지 말라고 합니다. 대신에 추기경 자리를 주겠다고 회유합니다. 교황 다음이 추기경입니다. 그때 그가 이렇게 말했답니다. "성경만이 진리요, 예수만이 구원자이십니다. 나는 추기경의 붉은 모자가 아니라, 그리스도의 피의 면류관, 피로 물든 붉은 모자를 쓴 순교자가 되길 원합니다." 그리고 추기경 자리를 단번에 거절했습니다. 결국 그는 계속 설교하다가 이단으로 정죄되어서 처형장에 끌려가 죽습니다. 그때 그는 다시 담대하게 이렇게 신앙고백을 했답니다. "나를 위해 많은 고통을 당하신 주님, 내가 그 주님을 위해, 주님의 진리를 위해 기꺼이 죽어야 하지 않겠습니까!"

성도 여러분, 진리는 영원하며 실재하는 것입니다. 삶의 변화는 진리를 아는 것으로 되는 것이 아니라, 진리를 알고 더불어 진리 안에 살아가는 것입니다. 그리스도인의 변화는 진리이신 예수 그리스도를 영접함으로 진리를 분별하게 되고, 알게 되고, 진리로 살아갈 때 비로소 하나님의 지혜와 능력을 체험하며, 은혜와 사랑의 증인으로 오늘을 살아가게 됩니다. 구원받았다는 것은 진리를 깨닫고, 분별하며, 믿게 되었다는 것입니다. 구원은 추상적인 게 아닙니다. 오늘 우리의 삶의 실제입니다. 내가 예수 믿고 구원받았다면서 진리를 알지 못하고, 진리에 관심 없다면 지금 잘못된 신앙생활을 하는 것입니다. 예수 믿는다는 것은 진리를 믿는다는 것과 같은 말입니다. 예수님은 은혜와 진리로 충만한 분으로 이 땅에 오시어 진리 안에 사셨습니다. 그래서 십자가의 죽음 앞에, 그 무서운 죽음의 형벌 앞에, 수치스러운 그 죽음의 사건 앞에서도 오히려 제자들을 위로하시고, 우리에게 말씀합니다. "너희는 마음에 근심하지 말라." 진리의 승리입니다.

역사 안에 수많은 영생의 삶을 살아가는 진리의 증언자들이 있습니다. 사도들이 그들이요, 초대교인들이 그들이요, 거듭난 하나님의 사람들이 그들입니다. 비로소 예수 그리스도를 믿음으로 진리관이 바뀐 것입니다. 세계관이 바뀌었습니다. 진리 안에서 비로소 자유를 체험했습니다. 담대한 인생을 살아갑니다. 진리 안에서 영생의 삶을 살며, 승리의 삶을 살게 된 것입니다. 예수님께서 오늘도 말씀하십니다. "I am the truth!" "나는 진리다!"

기도

전지전능하신 은혜의 하나님, 어둡고 타락한 세상에 진리의 빛을 비춰주시어 예수 그리스도를 나의 구주로 영접함으로 진리를 비로소 깨닫게 하시고, 진리를 분별하며, 진리를 사랑하며, 진리 안에 거하여 진리의 증인으로 이 시대를 살게 해주심을 진심으로 감사드립니다. 어리석고 미련한 타락한 죄인을 오직 하나님의 은혜로, 믿음으로 새롭게 하시사 이 위대한 진리와 함께하는 새로운 인생을 발견케 하시고, 복음의 증인으로 승리케 하심을 진심으로 감사드립니다. 성령이시여, 진리의 영으로 오신 성령이시여, 우리 안에 예수님만이 참 진리임을 깨닫고, 그 메시지가 무엇인지를 분별하며, 그 진리의 길을 따라 담대한 승리자의 삶을 살아갈 수 있도록 함께하여 주시옵소서. 우리 주 예수 그리스도의 이름으로 간절히 기도드리옵나이다. 아멘.

나는
그 생명이다

너희는 마음에 근심하지 말라 하나님을 믿으니 또 나를 믿으라 내 아버지 집에 거할 곳이 많도다 그렇지 않으면 너희에게 일렀으리라 내가 너희를 위하여 거처를 예비하러 가노니 가서 너희를 위하여 거처를 예비하면 내가 다시 와서 너희를 내게로 영접하여 나 있는 곳에 너희도 있게 하리라 내가 어디로 가는지 그 길을 너희가 아느니라 도마가 이르되 주여 주께서 어디로 가시는지 우리가 알지 못하거늘 그 길을 어찌 알겠사옵나이까 예수께서 이르시되 내가 곧 길이요 진리요 생명이니 나로 말미암지 않고는 아버지께로 올 자가 없느니라 ◆ 요한복음 14:1-6

나는 그 생명이다

어느 주일, 교회학교에서 있었던 일입니다. 공과시간이 되자 선생님은 주머니에서 씨앗 하나를 꺼냈습니다. 호기심 많은 어린아이들의 눈이 이 선생님의 손에 모였습니다. 그러자 선생님이 이렇게 말했습니다. "얘들아, 이것은 어떤 나무의 씨앗이란다. 그런데 이 씨앗이 자라서 커다란 나무가 되려면 무엇이 가장 필요할까?" 아이들은 기다렸다는 듯이 대답합니다. "선생님, 흙이 제일 중요합니다. 흙이 있어야 나무가 자라니까요." 어떤 아이는 이렇게 말합니다. "햇빛이 가장 중요합니다. 햇빛이 없으면 영양분을 받을 수가 없어요." 어떤 아이는 "공기가 제일 필요합니다." 어떤 아이는 "물이 제일 중요해요." 다들 한 마디씩 거들었습니다.

그 대답을 다 듣고 있다가 선생님이 이렇게 말했습니다. "얘들아, 사실 이 씨앗은 삶은 것이란다." 그러자 아이들이 배반당하고 속았다는 듯이 입을 삐쭉거립니다. 그때 선생님이 죽은 씨앗을 보여준 이유를 다시 설명합니다. "무엇보다 가장 중요한 것은 생명이란다. 생명 없는 씨앗에는 햇빛도, 물도, 흙도, 공기도, 더 이상 아무 소용이 없는 법이란다." 깊이 생각해 보시기 바랍니다.

죽음을 생명으로 변화시키는 진리를 선포하는 복음

성도 여러분, 인간 실존에는 항상 함께하며 벗어날 수 없는 두려움과 불안이 있습니다. 그것이 죽음입니다. 죽음의 공포, 죽음의 불안은 인간이 살아 있는 한 항상 함께하는 것입니다. 이것은 보편적인 사실이요, 어느 누구도 이 죽음의 사건을 피할 수 없습니다. 그러면 왜 이 죽음이 이처럼 공포와 불안과 두려움으로 다가오는 것입니까? 이유는 하나입니다. 생명에 관한 것이기 때문입니다. 생명이 없으면 모든 것이 무의미하고, 헛것이며, 끝이 납니다. 우리는 이 사실을 너무나도 잘 알고 있습니다. 역사를 통해서, 인생을 통해서 이 사실 하나는 우리가 분명히 압니다. 생명이 없으면 모든 것이 무의미합니다. 모든 것이 있어도 생명이 없으면 아무것도 아니라는 것을 알기 때문입니다.

20세기 최고의 부를 가졌던 록펠러가 죽었을 때 사람들이 그의 재산 정리와 회계를 담당했던 직원에게 물었습니다. "고인이 얼마나 남겨두고 가셨습니까?" 그 직원의 대답은 간단했습니다. "가진 것을 전부 다 두고 가셨습니다." 한 푼이라도 가져갈 수 있습니까? 아니요. 모든 것을 두고 가야 합니다. 이것이 죽음이고, 죽음의 권세입니다. 죽음은 내가 가장 소중히 여겼던 그 무엇도 놓고 가야 하고, 무의미하게 만드는 것입니다. 그래서 죽음의 불안과 두려움이 항상 내재하는 것입니다.

성도 여러분, 기독교의 복음은 죽음을 생명으로 변화시키는 진리를 선포하고 있습니다. 오직 복음을 믿음으로 죽음이 변화되어 새로운 차원의 생명의 삶으로 이어집니다. 이 믿음이 새로운 삶을 가능하게 하고, 새로운 생명을 증거하며 전파하고 있습니다. 이것이 바로 거듭남입니다. 거듭남(born again), 다시 태어난다는 것이 무엇일까요? 잘 아시는 대로 세상과 세상의 종교에서도 거듭남이라는 말을 찾을 수 있습니다. 말로도 하고, 글에도 나타납니다. 사실 여러 타 종교에서 뭔가 새로운 개혁이 일어났을 때, 새로운 시도가 일어날 때는 새롭게 태어나는 것이 필요하다고 말합니다. 그러나 기독교에서 말하는 거듭남은 완전히 차원이 다른 것입니다. 기독교의 거듭남은 죽음의 변화 속에서도 약속을 믿고, 새로운 차원의 생명의 삶을 증거하고 있는 것입니다. 오직 기독교만이 그렇습니다.

이제 사람들이 묻습니다. 그 근거가 무엇입니까? 성경은 대답합니다. '예수님이 십자가에 죽으셨으나 다시 살아나셨다.' 이 한 가지만이 변하지 않는 사실입니다. 십자가와 부활이 그 증거입니다. 그 복음을 믿음으로 우리는 죽음의 변화를 체험하고, 영생의 삶을 살아가게 됩니다. 모든 인간은 죽습니다. 그리고 죽을 것입니다. 모든 종교 창시자도 죽었고, 죽을 것입니다. 남아 있는 것은 오직 무덤뿐입니다. 그러나 예수님은 죽으셨으나, 살아나셨습니다. 이 단 한 번의 계시적 사건 안에 인류의 소망이 있는 것입니다. 죽음이 변화되어 새로운 생명의 삶이 약속되고 계시되는 것입니다.

몸의 부활과 영원히 사는 것을 믿음

이 세상의 세계관과 가치관을 보십시오. 죽음은 끝입니다. 죽음은 허탄한 일이요, 허망한 일입니다. 모든 것이 끝난다는 것을 압니다. 모든 것이 무의미해집니다. 모든 것이 잊히는 것입니다. 그 속에서 우리는 여전히 살아갑니다. 이런 현실적인 상황에서 몸의 부활을 상상할 수 있습니까? 꿈도 꾸지 않습니다. 어느 누구도 믿지 않습니다. 이 세상에 수많은 종교가 있습니다. 세상 대다수의 종교가 내세를 말합니다. 그러나 몸의 부활을 증거하는 것은 오직 기독교 하나뿐입니다. 몸의 부활을 언급하는 종교가 있습니까? 신화적으로도 말할 수 없는 것입니다. 어느 종교도 말하지 않습니다. 왜 그렇습니까? 믿을 수 없는 것이기 때문에, 있을 수 없는 것이기 때문입니다. 불가능한 것이기 때문입니다.

심지어 성경에 기록된 이스라엘 백성들을 보십시오. 자신들은 하나님의 백성이라고, 선민이라고 믿는 유대인조차도 그랬습니다. 그들이 갖고 있는 구약성경을 통해서 보면 몸의 부활은 희미한 그림자거든요. 몸의 부활을 보여주는 제대로 된 사건이 없었습니다. 명확한 계시로 나타난 적이 없습니다. 신약시대에 나오는 바리새인 정도가 겨우 내세를 믿고 부활을 믿었지만, 그것은 오로지 영혼의 불멸이었습니다. 몸의 부활은 언급하지도 않았습니다. 불가능이라고 생각했습니다. 상상할 수도 없는 일이었고, 그런 말을 믿지도 않았습니다.

그러나 기독교는 다릅니다. 몸의 부활은 물론이고, 앞으로

다가올 영생의 삶을 선언하고 확신합니다. 구원받은 그리스도인이 매주 고백하는 것이 무엇인가요? 사도신경을 통해서 매주일 믿음으로 고백합니다. "몸이 다시 사는 것과 영원히 사는 것을 믿습니다." 항상 기억하시기 바랍니다. 그러므로 기독교에서 구원받았다는 사실을 고백하는 것은 차원이 다른 것입니다. 새로운 세계관이 열렸고, 새로운 진리관에 이끌려 오늘을 살아가는 것을 말합니다. 세상은 몸의 부활을 믿지 않습니다. 있을 수 없는 것입니다. 그러나 기독교만은 몸이 다시 사는 것과 영원히 사는 것을 믿습니다.

세상 사람들은 말합니다. "도대체 무엇을 주장하는 거냐? 그런 허탄한 이야기가 어디 있냐?" 하지만 우리 그리스도인들은 답합니다. 예수님의 십자가와 부활을 포함하는 모든 것을 다 설명할 수 없으나, 분명 예수님은 십자가에 죽으셨고, 피 흘려 죽으셨고, 장사한 지 사흘 만에 다시 살아나셨습니다. 죽으셨으나, 다시 살아나셨습니다. 이것이 최종 증거입니다. 역사적인 사건이요, 계시적 사건입니다. 예수님의 십자가와 부활을 믿음으로 우리는 새로운 차원의 삶을 알았고, 비로소 살아가기 시작하는 것입니다.

예수님께서 오늘 우리에게 말씀하십니다. 내게 준 하나님의 말씀입니다. "I am the life! 나는 생명이다!" 엄청난 선언입니다. 그 당시뿐만 아니라 오늘까지도 세상을 뒤집는 말씀입니다. "나는 부활 생명이요, 영생이다. 몸의 부활이 있다." 성도 여러분, 이 말씀이 사실이라면 세상의 모든 세계관은 깨지고 뒤집어지는 것입니다. 이 세상이 끝이 아닙니다. 몸의 부활이 있다는 것을 믿는다면 이렇게 세상 중심으로, 소유 중심으로, 단지 이기적인 탐심으로 살아갈 수가 없습니다. 모든 것이 바뀌는 것입니다. 바뀔 수밖에 없습니다.

예수님이 말씀하신 부활 생명과 영생

그런데 만일 부활 생명이 없다면, 몸의 부활이 없다면 기독교 또한 하나의 종교일 뿐입니다. 타 종교에서 보는 대로 유사한 종교일 뿐입니다. 그러면 모든 것이 허물어집니다. 믿음도 헛것입니다. 우리가 이렇게 예배드리고 기도하는 것이 모두 헛수고가 되지요. 그냥 종교 생활을 하는 것이 됩니다. 그러나 정말 부활 생명이 있다면, 다시 말해서, 예수님의 십자가와 부활이 정말 있었다면 어떻게 되는 것입니까? 모든 것이 뒤바뀌는 것입니다. 어떤 지식이나 경험이나 능력으로 바뀌는 것도 아니고, 오직 예수 그리스도의 십자가와 부활 사건이 나를 뒤집어 놓고 바꾸어 주는 것입니다. 그들이 바로 예수님의 제자들이요, 초대교회의 부활의 증인들입니다. 모든 것이, 모든 세계관이 뒤바뀌는 것입니다.

예수님께서 "나는 생명이다."라고 말씀하십니다. "생명의 주인이다."라고 선포하십니다. 어느 누가 자신이 생명의 주인이라고 말할 수 있겠습니까? 인간이 할 수 있는 말이 아닙니다. 어떤 종교 창시자도 "나는 생명의 주인이다."라는 말을 하지 못했습니다. 아무도 못했습니다. 할 수가 없는 말입니다. 왜 그렇습니까? 자기가 죽으니까요. 다시 사는 걸 믿을 수가 없으니까요. 영혼불멸만 믿지, 몸의 부활은 믿지 못하니까 말할 수가 없는 것입니다.

그러나 예수님은 말씀하십니다. "나는 부활 생명이요, 영생이며, 생명이다." 여기서 생명이라는 것은 부활 생명과 영생을 말합니다. 'Eternal life'입니다. 이것은 죽지 않는 생명이 아닙니다. 생명의 기간을 말하는 것도 아닙니다. 요즘 100세를 산다고 해도 큰일 났는데, 천 년을 살면 어떻게 될 것 같습니까? 재앙이요, 지옥이지요. 그러나 이런 얘기가 아닙니다. 이것은 생명의 질을 말합니다. 다른 차원의 생명입니다. 세상에서 한 번도 경험할 수 없고, 알 수도 없는 다른 차원의 생명입니다. 성경은 간단히 이렇게 말씀합니다. 예수님이 사시는 생명, 곧 하나님이 육신을 입으시어 우리와 같은 육체를 가지고 사셨습니다. 그러나 우리와 같이 육체의 생명이 있지만, 다른 생명이 있었습니다. 영생이요, 부활 생명입니다. 그 생명이 있었기에 항상 하나님과 함께하는 것입니다. 그 생명은 하나님께로 가게 만듭니다. 하나님과 교제하며, 그 생명이 죽었으나 부활하는 부활 생명으로 나타나는 것입니다.

이 말씀 이후에 요한복음 17장 2절을 보면, 예수님께서는 좀 더 구체적으로 십자가 지시기 전날 밤에 최후의 궁극적 계시를 하십니다. 하나님께서 독생자를 이 땅에 보내신 이유, 곧 성육신의 목적은 영생을 주려 하심이라고 말씀하십니다. 세상은 육신의 생명밖에 모릅니다. 그러나 새로운 생명, 곧 부활 생명을 주시려는 것이 기독교와 교회의 선포입니다. 성도 여러분, 기독교의 구원은 죽음의 변화를 넘어 새 생명과 영생을 갖는 것을 의미합니다. 예수를 믿는다는 것은 영생의 비밀을 알았고, 영생을 확신하며, 영생을 소유하며, 영생으로 몸의 부활이 있다는 것을 믿는 것입니다. 그렇지 못하다면 내 안에 영생이 없는 것입니다. 깊이 생각해 보시기 바랍니다.

십자가에 죽으심으로 주신 영생

십자가의 복음을 오늘날 많은 사람이 죄 사함이라는 한 가지 사실만으로 국한하는 경우가 너무나 많습니다. 왜 이런 현상이 있을까요? 우리가 항상 죄를 지으니 그런 것입니다. 그래서 나의 죄를 사해 주심을 생각하며 감사하는 것이지요. 그런데 죄 사함은 시작이지 끝이 아닙니다. 죄 사함으로 말미암아 다 의롭다 여김을 받고, 하나님의 자녀가 되고, 천국 시민권을 갖고, 천국에 들어가고, 계속해서 하나님과 함께하는 수많은 약속이 계시되어 있습니다. 그 궁극적 계시가 영생입니다. 영생을 주게 하시려고 예수님께서 십자가에 죽으셨으나, 다시 사신 것입니다. 그 사건이 아니면 믿을 수 있겠습니까? 죽음에서 부활하지 않으면 아무리 예수님께서 영생을 말한들 누가 믿겠습니까? 정신병자로 생각하겠지요. 그러나 죽으셨으나 다시 사셨습니다.

성도 여러분, 영생이 내 안에 없다면 하나님과 함께할 수 없습니다. 영생이 내 안에 없다면 하나님께로 나아갈 수 없습니다. 영생이 있어야만, 내가 영생을 소유한 자여야만 오늘 하나님과 함께하며, 하나님의 말씀을 들으며, 하나님께로 나아갈 수 있는 것입니다. 영생이 없으면 하나님과 바른 관계를 맺지도 못하고, 천국에 들어가지 못합니다. 아무리 "주여! 주여!" 해봐야, 선지자 노릇하고, 귀신을 쫓아내고, 이것저것 많은 걸 해봐야 천국 못 들어갑니다. 주께서 말씀하십니다. 영생을 가져야 천국에 들어가는 것입니다. 이 영생은 하나님이 주시는 생명입니다. 단 한 번 예수님께서 사시는 생명으로 이 땅에 보여주셨습니다. 이것을 기억해야 합니다.

교훈적인 이야기 하나가 있습니다. 어떤 왕이 있었는데, 충성된 신하가 평생 왕을 위해 봉사합니다. 그런데 이 신하가 죽게 되어서 왕이 말합니다. "무엇이든지 말하라. 내가 곧 당신 얘기를 들어주고 싶다. 소원을 말하라." 이 신하가 소원을 하나 말합니다. "왕이시여! 저의 생명을 연장시켜 주세요. 단 하루만이라도 더 살게 해주세요. 제가 시간이 필요합니다."

그러나 왕은 그 소원을 들어줄 수가 없습니다. 아무리 강력한 왕이라도 그것은 왕이 할 수 있는 일이 아닙니다. 오직 하나님만이 생명의 주인이시고, 그분만이 하실 수 있습니다. 그래서 왕은 대답하지요. "그것은 내가 할 수 있는 일이 아니다. 미안하다." 그때 신하가 이렇게 말했답니다. "그렇군요. 그랬다면 속세의 왕을 모시느라 시간을 허비하지 말고, 하나님을 모시는 데 더 많은 시간을 보냈어야 했는데, 제가 무척 어리석었습니다."

이것이 육체의 생명을 가진 삶의 끝입니다. 항상 후회와 허탄과 허무만 남습니다. 그러나 영생을 소유한 자의 삶은 차원이 다릅니다.

영생의 증거이신 예수님

성도 여러분, 예수님이 영생의 증거입니다. 영생과 부활 생명을 자꾸 추상적으로 느끼지 마시고, 오직 예수님께 집중하십시오. 예수님이 최종 증거입니다. 예수님의 십자가와 부활이 영생의 실제 계시입니다. 우리 모두가 예수님의 십자가와 부활을 믿습니다. 무엇을 생각하는 것입니까? 죽으셨으나 다시 사셨습니다. 무엇을 명확하게 우리에게 보여주신 것입니까? 영생이 있음을 보여주셨습니다. 부활 생명이 사건으로 나타난 것입니다. 역사상 단 한 번 있었던 유일무이한 사건입니다. 이것이 하나님의 경륜이요, 하나님의 구원의 방식이요, 하나님의 계시입니다. 이제 인간은 응답해야 합니다. 예수님의 십자가와 부활 앞에 모든 인간은 이제 응답해야 합니다. 왜냐하면 예수님이 사건으로 역사 안에 나타나셨기 때문입니다. 둘 중 하나입니다. '믿느냐, 믿지 않느냐?' 그렇지 않습니까? 거기에 이미 구원과 심판이 나타나는 것입니다.

만일 예수님의 십자가와 부활이 사실이라면, 영생이 있는 것이 사실이라면 어떻게 됩니까? 믿는 자는 확신하며, 항상 놀라게 됩니다. 경이로움과 경외뿐입니다. 저도 예수 믿은 지 오래되었습니다. 목사로 설교한 지도 오래되었습니다. 다른 성경 말씀을 읽으면서는 그렇게 깜짝 놀라고 경이롭지 않습니다. 이미 아는 말씀이기 때문에 그렇습니다. 그런데 이 예수님의 십자가와 부활은 저를 항상 놀라게 합니다. 이것이 최종 계시니까요. 의심과 회의가 있다면, 불확실이 있다면 아무 영향을 끼치지 못합니다. 아무리 수십 년 간 교회 다니고, 설교하고, '하나님!' 하고 외친들 아무 변화가 없습니다. 힘이 없습니다.

성도 여러분, 예수님의 사건을 성경이 증거한 사건으로 추적해 보십시오. 이것은 다른 데서 추적할 수 있는 것이 아닙니다. 내가 믿지 않는다고 해도 왜 안 믿는지를 성경을 통해서만, 예수님의 사건 안에서만 추적할 수 있는 것입니다. 예수님께는 열두 제자가 있었습니다. 한 제자는 예수님을 팔고 자살했습니다. 이제 열한 명이 남았는데, 이 사람들이 다 시원찮습니다. 대단한 지식과 경험, 능력이 있는 사람 같지가 않습니다. 단지 어부, 평범한 사람입니다. 더욱이 십자가 사건 앞에서 다 도망갔습니다. 이런 열한 명이 뭘 할 수 있겠습니까?

그때 당시는 지금보다 더 핍박이 많을 때입니다. 예수 믿는 사람은 모두 죽이려던 시대입니다. 그 열한 명이 뭘 할 수 있겠습니까? 아무것도 할 수 없었을 것입니다. 그런데 그들이 움직입니다. 무엇이 그들을 움직이게 했습니까? 그들이 목격한 것, '다른 것은 다 몰라도 예수님이 십자가에 죽으셨고 부활하셨다는 것은 사실'이라는 것에 그냥 있을 수가 없었습니다. 모든 것이 깨지고 뒤바뀌는 것입니다.

그래서 사도행전은 특별합니다. 사도행전을 통해 기독교의 시작과 기독교의 세계가 열렸습니다. 그런데 사도행전에서 예수님의 이적과 말씀, 그리고 모든 것을 전할 만한데 한 마디도 나오지 않습니다. 어느 곳을 가든지, 세계 어디를 가든지 딱 두 가지만을 강조합니다. 예수님의 십자가와 부활입니다. 죽으셨으나, 다시 사신 주님이십니다. 이 사실이 세상 모든 것을 깨뜨리고, 우주관과 세계관을 뒤바꾸는 것입니다. 이전에 언급하지 않았던 몸의 부활을 선포합니다. 몸의 부활은 구약에는 거의 언급되지 않습니다. 있을 수 없는 사실이라 여겼습니다. 어떤 종교도 말할 수 없는 것입니다. 부활은 자신이 부활해야 말할 수 있고, 주장할 수 있는 것이지요. 자신도 죽으니, 기껏해야 영혼불멸만 얘기하는 것이지요. 더 말할 수 없는 것이거든요. 그런데 제자들은 거기에 목숨을 겁니다. 순교합니다. 눈으로 봤기 때문입니다.

교회는 부활 생명의 증인들이 모인 곳

성도 여러분, 교회란 부활 생명의 증인들이 모인 곳입니다.

이것은 지식의 문제가 아니요, 공로의 문제도 아니요, 도덕성의 문제도 아닙니다. 하나님의 교회는 영생 복음의 증인이 되어야 합니다. 그 안에서 점점 새로운 세계를 맛보며, 영생의 사람으로 변해 가는 것입니다. 하나님께서 이 영생의 증인을 통하여 초대교회와 같이 역사하십니다. 오늘도 영생의 사람들을 통해 하나님께서 역사하십니다. 이 영생은 예수님께서 사후에 주겠다고 약속하신 것이 아닙니다. 오늘 기독교의 잘못이 바로 여기에 있습니다. 믿을 수 없는 몸의 부활이기 때문에 자꾸 세상 종교처럼 영혼불멸에만 꽂혀서 영생을 무시합니다. 예수님이 말씀하신 영생은 오늘 주시는 것입니다. 현재적 하나님의 구원의 은총입니다. 예수님이 생명으로 사신 것을 보여주었습니다. 그 생명을 가졌기에 그대로 부활하신 것입니다. 이처럼 오늘 영생을 소유하고, 영생의 삶을 살아가는 자가 그대로 천국에 들어갈 것입니다.

예수님을 믿고, 많은 이적을 구하고, 많은 체험을 얘기하면서도 사후, 죽음 이후의 천국만을 생각한다면 그건 십자가를 배반하는 것이요, 복음을 왜곡한 또 다른 종교입니다. 그래서 인격의 변화가 없고, 삶의 변화가 없는 것입니다. 교회도 열심히 나가고, 착한 일도 하고, 교제도 하고, 봉사도 합니다. 그러나 자신을 전적으로 변화시키는 세계관, 진리관, 가치관의 변화가 나타나지 않는 것입니다. 이것은 잘못된 신앙생활입니다. 영생이 내게 있고, 영생의 확신이 내게 있다면 나의 생각이 변화되고, 소원이 변화되고, 삶이 변화됩니다. 이게 마땅하지 않습니까? 내가 어떤 상황에 처하든지, 어떤 위기와 어떤 재난 속에 있든지, 어떤 실패 속에 있든지 내 안에 있는 영생의 비밀을 아는 자는 감사와 만족과 찬송과 기쁨이 충만할 것입니다.

성도 여러분, 영생을 가진 자는 항상 그리스도를 아는 지식에 집중합니다. 그리스도를 아는 지식이 믿음으로 내게 영생의 비밀을 알게 하고, 영생의 확신을 가지고 지금 현재 주시는 영생의 삶을 살게 하기 때문입니다. 여기에서 완전히 삶이 변화되는 것입니다. 만일 이런 삶이 내게 일어나지 않는다면, 이것을 소원하지 않는다면 지금 율법주의에 빠졌거나, 복음에서 멀어진 것입니다. 잘못된 신앙생활입니다.

매일 경험하는 영적 죽음과 부활

하나님의 사람 마르틴 루터는 매일의 영적 죽음과 부활을 말합니다. 내 안에 사시는 영생이 나를 새롭게 한다는 것입니다. 토마스 모어라는 사람이 있습니다. 그는 『유토피아』를 저술하고 개혁 신앙을 주창한 인물입니다. 그런데 당시 헨리 8세가 그걸 반대했거든요. 그로 말미암아 그는 왕을 대항하다가 결국 수감되고 처형당하게 됩니다. 그때 아내와 자식들이 와서 제발 왕에게 항복하라고, 신앙을 포기하라고 간청합니다. "그래야 우리는 계속 오랫동안 함께 살 수 있어요. 당신은 왜 우리 가족에게 불행을 가져오려 합니까?"

그러자 토마스 모어가 아내에게 물었답니다. "내가 그렇게 하면 몇 년을 더 살 수 있을 것 같소?" 아내는 최소한 20년은 함께 지낼 수 있다고 말했습니다. 그때 토마스 모어는 소리쳤답니다. "이 땅에서 20년밖에 안 되는 삶을 위하여 영원한 삶을 포기하고, 고통에 나를 내어 준다면 얼마나 어리석은 일이요? 영혼을 잃는 것보다 다른 모든 것을 잃는 것이 오히려 더 좋은 일이요. 온 천하를 얻고도 자기 목숨을 잃으면 무엇이 유익하겠소?" 영생을 가진 사람은 이 땅에서 이런 담대한 인생을 살아갑니다.

위대한 사도, 하나님의 사람 바울이 많은 사역을 하는 중에 훗날 이렇게 신앙고백을 합니다. 고린도전서 2장 2절 말씀입니다. "내가 너희 중에서 예수 그리스도와 그가 십자가에 못 박히신 것 외에는 아무것도 알지 아니하기로 작정하였음이라." 사도 바울이 강조한 것이 무엇입니까? "성경책을 들고도 다른 것은 다 보지 않겠다. 말하지 않겠다. 나는 오직 예수 그리스도와 그의 십자가와 부활만 말하고, 그 세계에 빠져들겠다." 이 말입니다. 영생의 비밀은 그 안에만 있습니다. 예수 그리스도의 십자가와 부활만이 확증해 주고, 오늘 이 땅에서 영생의 삶을 살도록 힘을 주며, 능력을 주기 때문입니다. 깊이 생각해 보시기 바랍니다.

성도 여러분, 에덴낙원 설립의 목적이 바로 여기 있습니다. 영생의 비밀이 선포되었고, 영생을 소유한 자가 구별된 삶을 살아가야 하기 때문입니다. 정말 천국 문이 열리고, 영생을 가진 자가 이 땅에서 천국을 준비하며, 확신하며, 예수님의 십자가와 부활로 그 증거를 가지고, 믿음으로 오늘을 살아가기 위해 그곳이 필요한 것입니다. 세상에 알려야 합니다. 영생의 비밀이 예수 그리스도 안에 나타났고, 십자가와 부활이 그 증거라고 말해야 합니다.

하나님의 사람 본회퍼의 유명한 일화입니다. 1945년 4월 8일 주일 아침, 그는 히틀러에 대항하다 감옥에 수감되어 처형당하게 되는데, 그 날에도 아침 기도를 하고 있었답니다. 그때 교도관들이 와서 그를 호출합니다. 이제 처형장으로 끌려가는 것입니다. 함께 있던 군인들이 통곡하며 그를 위해 말합니다. "목사님, 이제 마지막이군요. 마지막이군요. 너무나 안타깝습니다. 안녕히 가세요." 그때 남긴 본회퍼의 유명한 말입니다.

그는 미소를 지으며 평안한 얼굴로 말했습니다. "아니에요. 마지막이 아닙니다. 이제 시작입니다." 영생을 소유한 자만이 할 수 있는 고백이요, 담대한 인생입니다.

성도 여러분, 예수 그리스도가 죽으셨고, 다시 살아나셨습니다. 그 예수 그리스도가 나의 주가 되십니다. 이 믿음 속으로, 이 믿음 안에 살아갈 때 우리는 예수 그리스도 안에서 영생의 비밀을 알며, 영생의 확신을 가지고, 영생을 소유한 자로 새 사람 되었음을 고백하게 될 것입니다. 그리고 십자가와 부활이 그 증거임을 세상을 향하여 담대히 말하며 오늘을 살아가게 됩니다. 예수님께서 오늘도 말씀하십니다. 내게 주신 하나님의 말씀입니다. "I am the life! 나는 그 생명이다. 영생이다!" 삶의 주인이요, 생명의 주가 되신다는 말씀입니다. 하나님의 자녀는 이 말씀에 "아멘!" 하고 응답합니다. 그리고 이 땅에서 이제 새로운 차원의 영생의 비밀을 전하며, 영생을 소유한 자로 하나님과 교제하며, 하나님과 함께하며, 복음의 증인으로 하나님께 영광 돌리는 삶을 살아가게 됩니다.

기도

전지전능하신 은혜의 하나님, 어두운 세계관에 붙들리어 세상과 종교의 왜곡된 메시지에 매여서 오직 영혼의 불멸만을 생각하며, 몸의 부활을 믿을 수도 없고, 생각할 수도 없는 상태로 살던 무지몽매한 자에게 오직 예수 그리스도를 구주로 영접함으로 몸의 부활을 믿으며, 영원히 사는 것을 믿으며, 오직 하나님의 은혜를 찬양하며, 하나님의 증인으로 오늘을 살게 해주심을 진심으로 감사드립니다. 예수님의 십자가와 부활을 믿으면서도 아직도 예수님을 아는 지식에 집중하지 못하고, 영생의 복음에 집중하지 못하고, 영생을 소유한 자로 오늘을 살아가지 못하는 죄인을 용서하여 주시옵소서. 진정 오직 믿음으로 주께서 사시는 생명이 내게 주어졌음을 믿고, 그 길을 따라 순종하며, 그 진리의 증인으로 영생의 삶을 확신하며 살아가는 승리의 삶을 살아갈 수 있도록 항상 함께하여 주시옵소서. 우리 주 예수 그리스도의 이름으로 간절히 기도드리옵나이다. 아멘.

06
———————

다 이루었다

예수께서 신 포도주를 받으신 후에 이르시되 다 이루었다 하시고 머리를
숙이니 영혼이 떠나가시니라   ◆ 요한복음 19:30

06

다 이루었다

하나님의 사람 리빙스턴은 평생을 아프리카 선교에 헌신하며 위대한 인생을 살았습니다. 그런 리빙스턴이 세상을 떠나 시신이 발견되었을 때는 침대 곁에 기대어 무릎을 꿇고 기도하는 모습이었다고 합니다. 리빙스턴의 시신 운구 행렬이 웨스트민스터 대사원의 안식처로 향하고 있을 때였습니다. 장례 행렬을 보던 한 사람이 목 놓아 울기 시작했습니다. 그러자 그의 친구가 물었습니다. "자네, 리빙스턴을 개인적으로 잘 알고 있나?" 그 울던 남자는 이렇게 대답했습니다. "리빙스턴을 위해서 우는 것이 아닐세. 날 위해서 우는 것이라네. 그는 귀한 일을 하며 살다가 세상을 떠났지만, 나는 그동안 헛된 삶을 살아왔다네." 리빙스턴의 평생 좌우명은 이것이었습니다. '하나님 나라와 관계없는 것이라면 내가 가진 그 어떤 것이나, 그 어떤 소유물에도 아무런 가치를 두지 않을 것이다.' 깊이 생각해 보시기 바랍니다.

유일한 구별의 기준 예수 그리스도

성도 여러분, 무엇이 이 사람을 이렇게 위대한 인생을 살도록 만든 것입니까? 왜 이 사람은 세상 속에서 하나님의 증인으로 하나님 나라를 증거하며, 하나님의 일에 헌신하며, 하나님께 영광 돌리는 삶에 일생을 맡긴 것입니까? 이 질문에 대한 답은 오직 하나입니다. 예수 그리스도입니다. 예수 그리스도의 십자가와 부활의 사건, 그리고 그가 전한 하나님 나라, 그 모든 것을 정말로 믿었기에 다른 선택을 할 수가 없었던 것입니다. 정말 예수 그리스도를 믿고, 그의 십자가와 부활을 믿었기에 이 일의 증인으로 고향을 떠나 타국으로 가서 하나님의 일에 헌신한 것입니다. 삶 속에서 살아 계신 예수 그리스도를 나의 구주로 영접하고, 그리스도께 순종하는 삶을 살았던 것입니다.

성도 여러분, 기독교와 타 종교 또는 모든 철학과 사상들 사이의 유일한 구별의 기준이 무엇이라고 생각하십니까? 그것은 바로 예수 그리스도입니다. 본래 차원이 다르지만, 예수 그리스도 외에는 듣기에 따라 비슷한 내용이 많습니다. 그러나 예수 그리스도는 처음부터 끝까지 완전히 다른 차원의 역사를 보여주었습니다. 성육신의 역사, 십자가의 역사, 부활의 역사, 승천의 역사, 즉 예수님의 생애 그 자체가 역사상 유일한 사건이요 그 속에 하나님의 말씀이 계시되어 있습니다. 또한 그분이 전한 하나님 나라의 복음, 이것은 유일한 기독교만의 선포입니다.

예수님은 그 하나님 나라를 위하여 준비하셨고, 하나님 나라에 들어가는 길을 완전히 이루셨습니다. 그 은혜를 믿음으로 우리가 하나님 나라에 들어가며, 하나님 나라 백성으로 오늘을 살아갈 수 있는 것입니다. 이 일은 역사 안에 계속됩니다. 하나님의 복음과 성령의 역사로 말미암아 하나님 나라가 하나님의 방식으로 전파되며, 확장되어 가고 있는 것입니다.

기독교의 시작인 종교개혁, 이 선포는 바로 십자가의 복음이었다는 것을 우리는 잊어서는 안 됩니다. 오직 예수 그리스도를 증거했습니다. 종교개혁자 마르틴 루터, 그의 모든 설교, 모든 신학을 한마디로 말하면 십자가의 복음이었습니다. 십자가의 복음을 바로 전했고, 십자가에 죽고 살아간 인물입니다. 모든 종교개혁자들이 그랬습니다. 그래서 그들 모두가 오직 은혜로 구원받았음을 증거합니다. 십자가의 은혜입니다. 오직 믿음으로 구원받았음을 전파했습니다. 십자가의 복음을 믿음으로 구원받는 것입니다. 그 위에 하나님의 교회가, 기독교가 세워진 것입니다.

오직 예수 그리스의 십자가와 부활

그런데 이러한 주님의 역사가 오늘날 자꾸 변질되어 갑니다. 새로운 전통과 관습과 제도를 세우고, 그것을 따라야만 구원받고, 하나님의 백성이 된다고 말합니다. 새로운 이벤트와 프로그램을 만들면서 그 방식으로 해야 예수님의 제자가 되고, 하나님께 복을 받는다고 말합니다. 하지만 다 거짓입니다. 오직 예수 그리스도와 십자가와 부활의 복음뿐입니다. 하나님의 사람 에밀 부르너 박사는 이렇게 말합니다. "십자가는 기독교 신앙의 상징이며, 교회의 상징이며, 예수 그리스도 안에 있는 하나님 계시의 상징이다. 오직 믿음, 오직 하나님의 영광을 위한 종교개혁의 모든 투쟁은 단지 십자가의 바른 해석을 위한 투쟁이었다. 십자가를 올바르게 이해하는 사람은 성경을 올바르게 이해하며, 그리스도를 올바르게 이해한다."

그런데 불행하게도 예수 그리스도의 이름으로, 성경을 근거로 십자가의 복음이 상실되어 가고 있습니다. 왜곡됩니다. 십자가의 메시지를 잃어버렸습니다. 십자가의 도를 깊이 묵상하지도 않고, 십자가의 길을 따라가고자 하지도 않습니다. 이 얼마나 불행한 일입니까? 오늘의 시대는 정말 복음이 실종됐고, 십자가의 복음이 상실되었습니다. 하나님의 교회가 종교화되고 있는 위기에 직면하고 있습니다.

미국의 저명한 신학교수이며 작가인 랜디 알콘 박사가 쓴 『악의 문제 바로 알기』라는 책이 있습니다. 이 책에서 설명하는 중요한 메시지를 전하고자 합니다. 그는 이렇게 말합니다. "번영신학 때문에 교회와 기독교가 망가지고 있다. 부와 건강을 약속하는 번영신학이 사람들로 하여금 악과 고통을 다룰 능력을 상실하게 만들고 있다. 번영신학의 가장 큰 피해는 하나님을 거짓말쟁이로 만드는 것이다. 십자가 복음의 신학은 번영신학이 절대 아니다. 이것은 십자가 복음을 왜곡하는 거짓 진리다. 이것이 바로 사탄의 역사다."

오늘날 예수 그리스도를 믿고 하나님을 믿음으로써 모든 것이 만사형통하고, 부와 건강을 얻고, 성공하고, 번영하고, 이 세상에서 잘 되고, 평화가 이루어지는 것은 불신앙의 사람들, 세상 사람들이 박수 칠 일일지는 모르지만, 이것은 복음이 아닙니다. 가짜 진리입니다. 그래서 항상 기억해야 할 교훈적인 경

구를 소개합니다. '한 사람의 인생은 한 권의 책이 아니라, 단한 줄로 기억된다.'

성도 여러분, 나의 인생을 단 한 줄로 말한다면 어떻게 기록될 것 같습니까? 어떤 묘지의 묘비명에 다음과 같이 적혀 있었답니다. '정치가. 정직한 사람. 애처가 여기에 눕다.' 지나가는 사람이 그걸 보고 깜짝 놀라서 이렇게 말했답니다. "아니, 한 무덤에 세 사람이나 묻었다는 거야?"

성도 여러분, 예수님 하면 십자가입니다. 십자가 없는 예수님은 허상입니다. 십자가에 피 흘려 죽으러 가시는데 그런 상황에서 무슨 부와 건강과 성공을 논하겠습니까! 예수 그리스도를 한 줄로 평가하면 '십자가와 부활' 그것뿐입니다. 십자가에 죽으셨으나, 다시 사신 분, 그분이 예수 그리스도입니다. 예수님께서 오늘 십자가 도상에서 최후로 하신 말씀이 성경에 기록되어 있습니다. 오늘 우리에게 주신 하나님의 말씀입니다. "다 이루었다."

예수님 사역의 극치로서의 십자가

성도 여러분, 이 상황에서 벗어나지 말고 주목해서 생각해 보십시오. 영광스러운 보좌 위에서, 하늘 위에서 하신 말씀이 아닙니다. 어떻게 생각하면 부활하신 다음에나 하실 말씀 같은데 그런 말씀도 아닙니다. 어떤 성공과 번영, 그런 상태에서 하신 말씀이 아닙니다. 십자가에서 피 흘려 죽으시며 하신 말씀입니다. "다 이루었다." 이 말씀을 항상 묵상하며, 이 말씀 속에 나타난, 내게 주신 하나님의 말씀을 들으며 오늘을 살아가야 합니다. 예수님이 누구시고, 무슨 일을 하셨는지 말입니다. 이 질문에 대한 가장 확실한 답이 바로 십자가 안에 있고, 이 십자가에서 하신 말씀이 이것입니다. "다 이루었다."

성도 여러분, 이 '다 이루었다'는 말씀의 의미가 무엇입니까? 예수님은 그 삶 자체가, 존재와 그의 삶 자체가 계시입니다. 하나님의 계시가 그 속에서 나타나는 것입니다. 무엇보다도 십자가는 예수님 사역의 극치입니다. 거기서 말씀하십니다. "다 이루었다." 오늘날 기독교가 잘못되고 위기에 직면한 이유가 바로 여기서부터 비롯된 것입니다. 인생의 모든 이단과 사이비가 바로 십자가를 잘못 해석했기 때문입니다. 십자가의 복음인 이 메시지를 제멋대로 해석하거나, 왜곡하거나, 아니면 방치해 놓고 십자가 외에 다른 예수, 다른 말씀만 좇기 때문에 성경을 바로 해석하지 못하는 것입니다. 그런데도 불구하고 거침없이 이런 일이 교회 안에서 목회자들을 통해, 신학자를 통해, 교인들을 통해 전파되고 있습니다. 참으로 불행한 일입니다.

승리의 선언으로서의 '다 이루었다'

 "다 이루었다." 무슨 뜻입니까? 예수님이 지금 십자가에 죽
고 계신데, 피 흘려 죽으시는데, 무엇을 다 이루었다는 말입니
까? 깊이 생각해야 합니다. 이것은 먼저 승리를 선언하는 것
입니다. 그야말로 다 이루신 것입니다. 그런데 세상의 관점으
로 보면 한 일이 아무것도 없습니다. 세상은 여전히 고통과 질
병과 재난 속에 있었고, 노예의 역사 속에 불평등과 불의가 가
득 찼습니다. 하나님이 인간이 되셔서 이 땅에서 하신 일이 무
엇입니까? 세상의 관점으로 보면 이 십자가는 실패요, 저주요,
형벌이요, 죽음입니다. 여기서 무슨 승리를 선언할 수 있습니
까? 그럼에도 예수님은 그 십자가의 죽음 속에서 말씀하십니
다. "다 이루었다." 이것은 승리를 선포한 것입니다. 하나님 나
라의 승리는 이런 것입니다. 하나님의 방식으로 하나님의 뜻이
이렇게 이루어져 가고 있음을 우리에게 계시하는 것입니다.

 그래서 기독교 안에서는 순교자를 최후의 승리자로 고백하
며 높입니다. 왜 그렇습니까? 세상이 보기에 순교자는 실패한
사람이요, 세상에서 성공한 사람이 아닙니다. 부와 건강을 얻
은 사람이 아닙니다. 명예를 얻은 사람이 아닙니다. 그런데 하
나님 나라에서 하나님께 영광 돌린 사람, 하나님의 일에 헌신

한 사람입니다. 복음에 목숨을 건 사람들입니다. 이것을 분명히 알아야 합니다. 예수님의 이 승리에는 많은 의미가 있지만, 성경 안에서 보면 최소한 다섯 가지로부터의 승리를 우리에게 제시하고 있습니다.

먼저는 죄와 사망으로부터의 승리입니다. 온 인류는 죄 속에 있고 죄인으로 살아갑니다. 죄에 갇혔습니다. 자유인인 것 같으나 자유하지 못합니다. 또한 사망의 권세 속에 무서워하며, 재난과 질병이 있을 때마다 두려워하며, 근심 속에 살아갈 수밖에 없는 것입니다. 그런데 이 죄와 사망으로부터 벗어났습니다. 해방되어 승리했다는 것입니다. 예수님의 십자가 사건이 우리에게 그것을 확신시켜 줍니다. 믿는 자에게 예수님과 같이 승리하는 삶을 오늘 살아가고 있음을 확신케 하며, 고백하게 합니다. 그러한 계시적인 사건입니다.

또한 율법과 세상과 사탄으로부터의 승리를 예수님께서 선포하셨습니다. 온 세상은 자기 의에 이끌려, 자기 행위에 이끌려, 자기 성공의 판단에 이끌려 살아갑니다. 율법 아래 살아갑니다. 속박되어 있습니다. 그래서 세상 중심에서 벗어나지 못합니다. 눈에 보이는 것에 끌려가고, 세상의 풍조에 휩쓸려 갈 수밖에 없는 나약한 존재입니다. 그리고 보이지 않게는 사탄의 권세와 역사 속에 유혹받으며, 미혹에 빠지며, 악에 빠지며 살아갑니다. 그런데 예수님이 십자가에서 "다 이루었다."라고 하셨습니다. 이 사건으로 말미암아, 이 사건을 믿음으로 세상의 종으로부터, 율법의 종으로부터, 사탄의 종으로부터 벗어나는 것입니다. 승리한 것입니다.

그래서 예수님께서 말씀하십니다. "다 이루었다." 이 승리를 단번에 이루셨습니다. 예수님의 생애를 보십시오. 항상 피해 다니고, 박해를 받고, 고통을 받으셨지만, 단번에 승리를 이루신 것입니다. 마치 예수님의 재림과 같습니다. 하나님의 역사는 이와 같습니다. 일순간에 대역전이 일어날 것입니다. 단번에 영원한 최후의 승리를 이루신 것입니다. 영적 싸움에서 사탄을 향하여 최후의 승리를 이루셨음을 선포하고 있습니다. 그래서 예수님께서 그 마지막 순간에 "다 이루었다."라고 승리를 기뻐하시며 선포하신 것입니다.

그리스도인은 이 복음을 믿음으로 십자가의 복음 안에서 죄와 사망의 권세로부터 벗어나고, 세상과 율법과 사탄의 역사로부터 벗어난 승리의 삶을 현재적으로 살아갈 수 있게 되었습니다. 그런데 예수 그리스도와 아무 상관이 없다면, 구주로 고백하고 찬송해도 실제로 예수님께 순종하지 않는다면, 예수 그리스도와 연합하지 않는다면 그 승리는 추상적인 것입니다. 허상입니다. 이것을 분명히 알아야 합니다. 예수님의 십자가 사건은 실재였기 때문입니다. 그리스도의 승리를 실제의 사건으로 믿으며 이 승리를 체험한 자로, 고백하는 자로 오늘을 살아가야 합니다.

완성의 의미로서의 '다 이루었다'

또한 다 이루었다는 것은 문자 그대로 완성을 의미합니다. 더 이상은 없습니다. 완성되었다는 말입니다. 무엇이 완성된 것입니까? 나의 뜻이 아니지요. 예수님의 뜻도 아닙니다. 내 안에서 아버지의 뜻이, 하나님의 뜻이 완성된 것을 의미하는 것입니다. 창조주가 온 우주 만물을, 피조물을 창조하실 때 창조의 목적을 두셨습니다. 우리가 무엇을 하나 만들어도 그 만드는 것에 목적을 두고 만듭니다. 모든 피조물에는 하나님의 목적이 나타나 있습니다. 그 뜻이 이루어졌다는 것입니다. 성경은 창세 전에 나타난 하나님의 경륜이, 하나님의 계획이 이루어졌다고 선포합니다. 더 구체적으로 말씀드리면 구원과 심판이 이루어졌다는 것입니다. 창조 세계를 향하여 하나님은 구원과 심판으로 하나님의 역사를 펼치고 계십니다. 그것이 명백하게 완성된 것이 십자가입니다. "다 이루었다." 성도 여러분, 다이루었다는 것을 항상 잊지 마십시오.

그런데 오늘날은 교회 안에서 설교를 통해 예수님이 십자가에 달리셨다는 복음으로 다시 소설을 씁니다. 그래서 예수 믿으면 만사형통하고, 잘 되고, 번영하고, 세상이 유토피아가 된다고 합니다. 다 소설이고 희망사항입니다. 이기적인 탐심과 정욕일 뿐입니다. 예수님은 십자가에서 죽으시며 하나님의 뜻이 완성되었음을 선포하셨습니다. 그 완성된 선포에, 그 복음에 우리는 감격하고, 기뻐하고, 찬양하며 오늘을 살아가는 것입니다.

구체적으로 그 안에 수많은 하나님의 역사가 있지만, 대표적으로 우리가 생각해야 될 것은 먼저 죄 사함의 권세가 열린 것입니다. 이 십자가의 완성이 없었다면 우리는 죄 사함을 받을 길이 없습니다. 율법에 매여서 계속 죄인으로 살며, 죄의 삯을 치르며, 더 나아가 희생제물을 치르는 율법 아래 살아갔어야 되는 것입니다. 그러나 예수님께서 온 인류를 향하여, 죄인을 향하여 대속의 피를 흘리셨습니다. 그래서 다 이루신 것입니다. 그 은혜로 말미암아 우리가 죄 사함의 은총으로, 참 자유인으로 오늘을 살아가게 된 것입니다.

화해의 의미로서의 '다 이루었다'

또한 하나님과의 화해가 이루어졌습니다. 오늘날 종교들을 보십시오. 신과의 화해를 위해서 몸부림칩니다. 하지만 몇 달을, 몇 년을 몸부림쳐도 쉽게 가까이 갈 수가 없습니다. 그런데 예수님이 다 이루신 화해의 역사로 말미암아 오직 십자가의 복음을 믿음으로 하나님께 당당히 나아가는, 즉시 나아가는 역사가 이루어진 것입니다. 새로운 시대가 십자가의 피로 열린 것입니다. 그리고 하나님의 의가 나타났습니다. 그래서 다 이루셨다고 말씀하십니다. 예수님께서 십자가에 죽으셨기 때문에 하나님의 의가 믿는 자에게 선물로 주어져 우리가 성도라는, 거룩한 자라는, 의인이라는 칭호를 받는 것입니다. 감당할 수 없는 은혜, 은총을 예수님의 십자가 사역을 통해 선물로 받은 것입니다.

그리고 그 십자가에서 예수님께서 천국으로 들어가는 길을 완성하셨습니다. 하나님의 은혜로 말미암은 것인데, 그래서 말씀하십니다. "다 이루었다." 이 십자가의 피 흘림이 없이는 그 누구도 하나님 나라에 들어갈 수가 없습니다. 오직 그 복음을 믿음으로, 그 은혜로 하나님 나라에 들어가고 하나님 나라의 백성이 됩니다. 얼마나 감사한 일입니까? 그런데 이 십자가의 비밀을, 다 이루어진 복음의 역사를 깨닫지 못하니까 또 다른 무엇을 원합니다. 구원은 구원이고, 지금 당장 이걸 해결해 달라고, 저걸 해결해 달라고, 이것저것 달라고 합니다. 원망과 불평 속에 은혜를 망각했습니다. 십자가와 멀어졌습니다. 이것이 이 시대의 불행이요 비극입니다.

네덜란드의 유명한 화가인 렘브란트가 그린 '십자가에 못박히신 예수님'이라는 그림을 아마 한 번쯤은 다 보셨을 것입니다. 자세히 보신 적이 있으면 기억나실 것입니다. 그 그림에서 제일 먼저 눈에 띄는 것은 물론 주인공인 예수님이지요. 예수님과 그 십자가 위에서 피 흘리며 돌아가신 그 모습입니다. 그리고 다음으로 보이는 것이 수많은 군중입니다. 아우성치면서 십자가에 못박으라고 웃고 즐기며 소리치는 그 불신앙의 사람들, 자기가 얼마나 큰 죄인인지 모르며 죄를 짓고 있는 인류의 모습이 잘 그려져 있습니다. 그리고 세 번째가 얼굴이 보이지 않는 한 사람의 모습입니다. 바로 렘브란트입니다. 자신을 그렸습니다. 시대는 다르지만, 십자가의 복음을 믿고 보니, 그리스도를 나의 구주로 영접하고 보니, 바로 내가 그 현장에 있는 사람입니다. 예수님을 십자가에 못박아 죽인 구제 불능한 죄인이 나였음을 고백하는 것입니다.

성도 여러분, 세상에서는 높은 학식, 성공, 명예, 남의 칭찬으로 자신의 정체성을 판단하지만, 그것은 한순간입니다. 허상입니다. 온전하지 못합니다. 한 부분의 성공일 뿐입니다. 참 인간, 참 하나님의 형상은 오직 십자가의 복음을 믿음으로 하나님의 은혜와 사랑 안에서 깨닫게 됩니다. '내가 얼마나 큰 죄인이기에 예수님께서 십자가에 못박혀 죽으셔야 하는가?' 동시에 '내가 얼마나 큰 죄인이기에 예수님께서 나를 사랑하시어 십자가에 죽으시는가?' 그 구원과 심판의 역사가 십자가에서 완성된 것입니다.

거룩한 사랑의 성취로서의 '다 이루었다'

그리고 다 이루었다는 것은 하나님의 거룩한 사랑의 성취를 선언합니다. 십자가는 하나님의 진노 속에 나타난 구체화된 하나님의 사랑의 사건입니다. 그래서 피 흘려 죽으십니다. 죄의 값은 사망이기에 누군가가 죗값을 치러야 되는 것입니다. 하나님의 진노가 임하며 심판을 받습니다. 그러나 그 속에서 하나님의 은혜가 임하여 구원의 역사가 일어납니다. 다시 말해서, 심판과 구원 속에 하나님의 사랑이 나타났습니다. 그것을 '거룩한 사랑'이라 합니다. 심판과 구원, 진노와 은혜, 거룩한 사랑으로 표현될 수밖에 없는 것입니다. 세상의 사랑, 인간의 사랑과는 차원이 다릅니다. 우리는 그 사랑을 '아가페 사랑'이라고 말합니다. 무조건적인, 무제한적인 사랑이었습니다. 끝까지 사랑하십니다. 성경은 말씀합니다. "가룟 유다까지도 끝까지 사랑하셨느니라."

그런데 왜 가룟 유다는 자살하는 것입니까? 왜 다른 사람들은 십자가를 보면서 조롱하며, 하나님을 경외하지 않는 것입니까? 성경은 답합니다. "믿지 아니하므로." 거룩한 사랑을 깨닫지 못합니다. 눈으로 보고도 알지 못합니다. 다 추상화해 버립니다. 이것은 실제 역사 안에 일어난 십자가의 사건인데, 그 사건으로 말씀하셨는데, 듣지도 않고, 믿지도 않고, 관심 갖지도 않습니다. 하나님의 거룩한 사람은 항상 세상 속에서 무시당하고 방치되며 모욕당하고 있는 것입니다.

예수님께서 인류를 위하여, 그리고 나를 위하여 십자가에 죽으셨습니다. 그 거룩한 사랑을 깨닫고, 믿음으로 영접할 때 그 사람은 변화됩니다. 거룩한 사랑의 강권적 역사 속에 변화되는 것입니다. 인격적 변화가 나타납니다. 그 사람이 그리스도인입니다. 이제는 온 마음으로 하나님을 사랑하며, 이웃을 사랑하며, 나 자신을 사랑하는 사람으로 오늘을 살아가게 됩니다. 십자가의 역사입니다. 그리고 다 이루었다는 것은 기쁨과 만족과 안식의 선언입니다.

예수님의 마지막 말씀으로서의 '다 이루었다'

한번 생각해 보십시오. 세상에서 우리는 기쁨과 만족과 안식은 번영하고, 내 뜻대로 되고, 성공하고, 부하고 형통할 때라고 합니다. 그러나 정말 그 안에서 안식과 만족이 있습니까? 참 기쁨이 있습니까? 있다고 하지만, 일시적인 것입니다. 그런 세상적인 것들이 아무것도 아닌 것을 우리는 삶 속에서 압니다.

예수님은 십자가에서 피 흘려 죽으시면서 그 마지막 순간에 말씀하십니다. "다 이루었다." 그 안에 만족이 있고, 기쁨이 있고, 안식이 있습니다. 그렇기에 예수 그리스도를 믿는 하나님의 자녀, 복음의 사람은 성령의 역사 속에 이 기쁨과 안식과 만족을 오직 십자가의 복음 안에서 체험하며 고백하게 됩니다. 십자가의 복음을 떠나서는, 예수 그리스도를 떠나서는 예수님이 누리시는 안식과 기쁨을 맛볼 수가 없습니다.

십자가는 하나님께 전적으로 순종한 삶의 사건입니다. 그 속에 기쁨과 만족과 안식이 넘쳐흐른 것입니다. 우리가 예수를 믿는다고 하고 하나님을 찬양하면서도 하나님의 뜻에 즉시 순종하지 않는다면 그 은혜와 평강은 추상적인 것입니다. 기쁨과 만족과 안식은 다 추상적인 것입니다. 아직 십자가의 복음의 증인이 되지 못한 것입니다.

그리고 다 이루었다는 것은 하나님 나라의 도래를 선언한 것입니다. 이 십자가에 죽으심으로 천국 문이 열린 것입니다. 잊어서는 안 됩니다. 예수님께서 이 십자가에 죽지 않으셨다면,

천국 문은 닫힌 것입니다. 어느 누구도 천국에 들어갈 수 없습니다. 영생의 삶을 살아갈 수가 없습니다. 예수님께서 천국 문을 활짝 여셨습니다. 그 대속의 피로 십자가에 죽으심으로 천국 문을 여셨습니다. 예수님은 한 평생 이 땅에 오셔서 하나님 나라를 바라보며, 하나님 나라를 선포하셨습니다. 그리고 그 문으로 들어가는, 천국으로 들어가는 길을 열어주신 것입니다. 그분의 모든 것을 다 은혜로 행하신 것입니다.

성령의 역사로 말미암은 십자가의 복음

오직 믿음으로 천국에 들어갑니다. 그런데 안 믿습니다. 예수 그리스도의 십자가 사건을 방치합니다. 어떻게 하면 좋겠습니까? 예수님은 공생애 처음부터 굳게 결심하시고 오직 십자가를 향해 가셨습니다. 왜냐하면 십자가만이 오직 하나님 나라의 역사를 완성하고 천국 들어가는 길을 완성하기 때문입니다. 그러므로 "다 이루었다."라는 말씀은 끝이 아닙니다. 새로운 시작을 말합니다. 하나님 나라의 도래, 하나님 나라의 역사, 하나님 나라의 확장, 하나님 나라를 선포하신 것입니다. 예수님은 죽으셨으나 다시 사셨으며, 하나님 우편에 앉아 계시지만 성령의 역사로 말미암아 십자가의 복음의 사건은 계속되는 것입니다.

먼저, 십자가의 복음의 증인을 통해서 하나님의 역사가 하나님 나라에서 계속되어 가고 있습니다. 우리는 정말 예수님처럼 완전하게 하나님의 사람으로 살아갈 수 없는 나약한 존재입니다. 하지만 오직 믿음으로 불신앙의 세대를 깨우며 담대히 외칩니다. "예수님이 십자가에 죽으셨으나, 다시 사셨다." 그 복음의 선언을 통해서 성령의 역사로 말미암아 하나님 나라가 역사하고 있는 것입니다.

또한 하나님이 교회를 통해서 역사하십니다. 오직 십자가의 복음을 선포하는 교회를 통해서만 거기에 진정한 부흥이 있는 것입니다. 성장이 아니라, 거듭남의 역사를 통한 부흥입니다. 십자가의 증인, 오직 십자가의 도를 묵상하고 자랑하며, 십자가의 길을 따라가는 그 증인들이 있는 교회를 통해서 하나님 나라가 계속되어 가고 있는 것입니다. 성도 여러분, 여러분은 예수님과 같이 십자가의 복음을 증거하며, 십자가 위에 나타난 하나님의 은혜와 사랑을 깨닫고 영접하며 이 일의 증인으로 오늘을 살아가십니까?

하나님과 십자가의 복음을 믿는 거듭난 그리스도인

구세군의 창시자 윌리엄 부스의 유명한 일화입니다. 그가 사회사업 사역을 시작한 이후로 계속 일이 확장되어 가니까 당연히 따라오는 것은 재정적인 부담이었습니다. 경제적으로 많은 책임을 감당해야 할 위치에 놓이게 된 그는 너무나 힘들었습니다. 그런데 마침 영국의 엘리자베스 여왕이 그를 왕궁으로 초대합니다. 이에 참모들이 말했습니다. "이제 됐습니다. 여왕께 말씀하세요. 여왕께 도움을 청하면 물질적 도움을 주셔서 재정적 문제가 다 해결될 것입니다. 이것이 기도에 대한 응답입니다."

부스가 여왕 앞에 나아가자 여왕이 정말 그가 한 일을 칭찬하면서 이렇게 말했답니다. "내가 그대를 도와줄 일이 무엇이 있을지 말씀해 주세요." 이때 부스는 이렇게 대답했답니다. "저는 전도자입니다. 저에게 야망은 오직 하나밖에 없습니다. 잃어버린 영혼들을 구원하는 일입니다. 저희를 통해서 더 많은 사람이 복음을 받아들이고, 예수님을 믿고, 구원받을 수 있도록 기도해 주십시오."

여왕을 만나고 나온 부스에게 참모들이 원망과 불평을 쏟았습니다. "아니, 왜 말씀하지 않으셨습니까? 재정적 부담이 큰데, 물질적인 도움을 구하셔야지요. 왜 기도 부탁만 하고 오십니까?" 이때 부스가 한 대답이 유명합니다. "여러분이나 제가 하나님이 맡기신 가장 중요한 일을 하고 있다면 나머지는 하나님께서 책임져 주시지 않겠습니까!"

성도 여러분, 거듭난 그리스도인, 천국 백성은 오직 하나님의 복음, 십자가의 복음을 믿음으로 하나님의 자녀가 된 사람입니다. 그렇기에 이 십자가의 복음을 떠나서는 아무것도 아님을 압니다. 하나님 나라 복음을 떠나서는 아무것도 할 수 없음을 항상 깨닫고 회개하며 오늘을 살아갑니다. 그리고 예수 그리스도 안에서 살아 계신 그리스도를 소망하며, 십자가의 복음을 증거하며 오늘을 살아가게 되는 것입니다.

하나님의 자녀에게는 복음 외에 다른 선택이 없습니다. 그리스도를 떠나서는 어떠한 열매도 맺을 수가 없습니다. 그래서 불신앙의 세상을 살지만, 험악한 세상에 있지만, 이 속에서 나를 사랑하시고 구원하신 예수 그리스도를 바라보며, 십자가의 복음의 증인으로 살아가는 것입니다. 어떠한 일이 있든, 듣든 안 듣든, 오직 예수 그리스도의 십자가를 증거하고 복음의 비밀을 전하며, 십자가의 길을 따라가며, 십자가의 영광을 사모하며, 십자가의 승리를 체험하며 오늘을 살아가게 됩니다. 그리고 온 마음으로 살아 계신 그리스도, 예수 그리스도를 만날 그날을 바라보며. 천국을 갈망하며, 하나님 나라의 증인으로 하나님의 일에 힘쓰며 승리하는 삶을 살아가게 되는 것입니다.

기도

전지전능하신 은혜의 하나님, 하나님께서 독생자 예수 그리스도를 이 땅에 보내시어 하나님 나라를 선포하시고, 십자가의 역사를 이루시어 하나님의 뜻을 성취하시며, 그 속에서 승리의 완성에 하나님 나라의 도래를 선언해 주심을 진심으로 감사드립니다. 그러나 아직도 이 복음의 비밀을 알지 못하고, 십자가의 도를 깊이 묵상하지 아니하고, 십자가의 복음의 증인으로 살지 못하여 세상 속에서 은혜와 평강을 구하며, 기쁨과 만족을 구하며, 헛된 인생을 반복하며, 소중한 시간과 물질을 허비하는 어리석은 죄인을 용서하여 주시옵소서. 성령이시어, 우리의 마음을 새롭게 하시고, 깨우쳐주셔서 오직 십자가의 복음을 믿음으로 하나님의 자녀 되었음을 자랑하며, 십자가의 길을 가기를 두려워하지 아니하고, 십자가의 비밀을 증거하며, 십자가의 승리를 체험한 자로 위대한 인생을 살아갈 수 있도록 역사하여 주시옵소서. 우리 주 예수 그리스도의 이름으로 간절히, 간절히 기도드리옵나이다. 아멘.

07

부활의
증인들

안식일이 다 지나고 안식 후 첫날이 되려는 새벽에 막달라 마리아와 다른 마리아가 무덤을 보려고 갔더니 큰 지진이 나며 주의 천사가 하늘로부터 내려와 돌을 굴려 내고 그 위에 앉았는데 그 형상이 번개 같고 그 옷은 눈 같이 희거늘 지키던 자들이 그를 무서워하여 떨며 죽은 사람과 같이 되었더라 천사가 여자들에게 말하여 이르되 너희는 무서워하지 말라 십자가에 못 박히신 예수를 너희가 찾는 줄 내가 아노라 그가 여기 계시지 않고 그가 말씀 하시던 대로 살아나셨느니라 와서 그가 누우셨던 곳을 보라 또 빨리 가서 그의 제자들에게 이르되 그가 죽은 자 가운데서 살아나셨고 너희보다 먼저 갈릴리로 가시나니 거기서 너희가 뵈오리라 하라 보라 내가 너희에게 일렀느니라 하거늘 그 여자들이 무서움과 큰 기쁨으로 빨리 무덤을 떠나 제자들에게 알리려고 달음질할새 예수께서 그들을 만나 이르시되 평안하냐 하시거늘 여자들이 나아가 그 발을 붙잡고 경배하니 이에 예수께서 이르시되 무서워하지 말라 가서 내 형제들에게 갈릴리로 가라 하라 거기서 나를 보리라 하시니라 ◆ 마태복음 28:1-10

07

부활의 증인들

20세기의 천재 철학자로 불리는 영국의 화이트 헤드 교수의 체험담입니다. 그는 크게 성공하고 모든 것을 가졌으며 인생에 대한 체계적인 시스템도 가졌습니다. 인격도 매우 훌륭하다고 알려져 있습니다. 어느 날 그가 차를 타고 가다가 힘겹게 걸어가고 있는 한 아주머니를 발견하고는 차에 태우는 친절을 베풀었습니다. 차에 탄 아주머니가 웃으면서 말합니다. "친절을 베푸시는 걸 보니 예수님을 믿으시나 봅니다." 화이트 헤드는 철학적 이야기를 섞어 가며 한참을 설명한 뒤 이렇게 답하였습니다. "아닙니다. 성숙한 인격만 가지면 예수 안 믿어도 이렇게 할 수 있습니다."

한참 듣던 아주머니는 도무지 이해되지 않는다는 표정으로 다시 말했습니다. "무슨 소리인지 잘 모르겠지만, 선생님은 나이도 지긋하신 분께서 어쩌자고 예수님을 안 믿으시는 겁니까?" 그 순간 화이트 헤드는 뒤통수를 맞은 느낌을 받았다고 합니다. 그리고 주말이 되자 곧장 옥스퍼드대학의 채플에 참석했고, 그 다음 주도 예배를 드리러 교회로 갔습니다. 그때 설교자가 이렇게 말했답니다. "교수님께서 예배에 오시는 것을 보니 제 설교가 철학적인가 봅니다." 그러자 화이트 헤드가 고개를 저으며 대답했습니다. "아니요. 철학적 이야기를 들으려고 교회 온 것이 아닙니다. 저는 예수님을 알고 싶습니다. 저는 예수님을 알고 싶습니다."

예수 그리스도의 증인으로 부름 받은 그리스도인

성도 여러분, 그리스도인은 예수 그리스도의 증인으로 부름 받은 하나님의 자녀입니다. 예수 그리스도가 누구시며, 무슨 일을 하셨는지를 명확하게 알고, 예수 그리스도를 이 세상에 증거해야 할 소명을 받은 하나님의 사람입니다. 우리를 향한 하나님의 소명이 바로 여기 있습니다. 과연 여러분은 세상 속에서 그리스도의 증인으로, 그리스도의 사람으로 오늘을 살아가고 있습니까? 그리스도를 아는 지식의 본질과 핵심은 예수 그리스도의 십자가와 부활 사건 안에 충만히 계시되어 있습니다. 우리는 하나님의 지혜와 능력이 예수님의 십자가와 부활 사건 안에 명백하게, 충만하게 계시되어 있다는 사실을 항상 기억하며 오늘을 살아가야 합니다.

성경이 그 증거이며, 특별히 사도행전이 그렇습니다. 교회와 기독교의 역사와 본질을 선포하며 기록한 이 성경이 처음부터 끝까지 예수님을 선포하고 있습니다. 그런데 예수님의 교훈도, 예수님의 이적도, 예수님의 생애조차도 선포의 핵심이 아닙니다. 오직 예수님의 십자가와 부활 사건만을 선포하며 증거하고 있습니다. 그런즉 우리도 부활의 예수님을 선포해야 합니다.

성도 여러분, 예수님께서 부활하셨습니다. 이 사건은 복음 중의 복음이요, 가장 위대한 복음적 사건입니다. 예수님께서 부활하셨습니다. 우리는 이 사건을 항상 묵상하며 이 사건의 증인으로 살아야 합니다. 예수님께서 죽음에서 부활하셨습니다. 그래서 성경은 장사한 지 사흘 만에 무덤에서 다시 살아나셨다고 기록하고 있습니다. 이는 완전한 죽음으로부터의 부활을 말합니다. 이 기독교의 부활은 세상 종교에서 말하는 영혼 불멸 사상이 아닙니다. 신화에서 말하는 불사도 아닙니다. 예수님의 부활은 육체의 부활입니다. 썩어질 육체가 아니라 썩지 않을 육체요, 죽을 육체가 아니라 죽지 않을 새로운 몸, 신령한 몸의 부활입니다. 그래서 예수 그리스도를 믿음으로써 새로운 믿음으로, 새로운 가치관으로 오늘을 살아가게 됩니다.

유일한 역사적 사건으로서의 예수님의 부활

예수님의 부활은 단 한 번 있는 역사상 유일한 사건입니다. 과거에도 현재에도 미래에도, 역사에 오직 한 번 있었던 사건입니다. 항상 생각해 보십시오. 세상의 모든 종교 창시자들은 과거에도 현재에도 미래에도 죽었고, 죽을 것입니다. 세상의 모든 영웅들도 죽었고, 죽을 것입니다. 세상의 모든 인류들이 죽었고, 죽을 것입니다. 그러나 예수님만은 부활하셨습니다. 단 한 번에 일어난 유일한 계시적인 사건입니다.

이것은 기독교가 만든 이야기가 아닙니다. 신앙인들이 만든 개념적인 사건도 아닙니다. 이것은 하나님께서 일으키신 역사적인 사건이요, 계시적인 사건입니다. 기독교의 신앙은 바로 여기 있습니다. 구원에 이르는 신앙은 예수가 십자가에 죽으셨으나 부활하셨다는 그 사건을 믿음으로 일어난 신앙을 말합니다. 기독교와 종교의 여러 가지 구별된 차원이 있는데, 이것이 대표적 예입니다. 기독교는 항상 하나님의 사건이 먼저입니다. 창조의 사건, 성육신의 사건, 십자가의 사건, 부활의 사건, 승천의 사건입니다. 그리고 사건에 대한 이해와 해석과 말씀이 따릅니다. 이제 그 해석인 말씀을 듣고 신앙생활을 하게 됩니다. 그것이 믿음입니다. 사건으로부터 나온 신앙입니다. 그러나 이 세상 모든 종교는 항상 깨달음이 먼저입니다. 항상 신앙이 먼저입니다. 그리고 뒤늦게 신앙적 사건이 생겨납니다. 그야말로 인간의 사건이요 또는 추상적인 사건입니다.

그러나 성경을 보십시오. 역사적 사건이 먼저 있었고, 거기에 대한 설명과 말씀이 있었고, 그것을 믿는 무리들이 신앙을 갖게 됩니다. 이것이 기독교입니다. 만약 부활이 세상이나 불신앙의 사람들이 말하듯이 인간이 만든 조작된 것이라면, 회의적인 사건이라면 어떻게 되겠습니까? 본문에서도 후에 대제사장들이 종교 지도자들과 함께 경비병들, 로마 군인들에게 돈을 주고 매수해서 제자들이 시신을 훔쳐 갔다고 전하라는 내용이 나옵니다. 예수님이 만일 부활하지 못하셨다면 이것이 사실이거든요. 누군가가 시신을 훔쳐간 것입니다. 만일 그랬다면 이것은 조작된 내용입니다. 그런데 정말 부활이 조작된 것이라면 어떻게 됩니까?

먼저는 예수님의 제자들이 다 두려움에 떨며, 공포 속에 근심하다 죽었을 것입니다. 십자가의 사건이 이것을 증명합니다. 이들은 다 십자가 사건 앞에서 무서워 도망가던 그러한 인간들입니다. 박해 속에서 숨어 살며 두려워서 벌벌 떨다가 초라하게 죽었을 것입니다. 그러나 그들은 그러한 인생을 살지 않았습니다. 또한 순교자가 없었을 것입니다. 왜 굳이 예수님을 주시라고 고백하며 목숨까지 걸면서 순교합니까? 눈으로 봤기 때문입니다. 부활의 목격자이기 때문에 그런 것이지, 만일 조작된 것이라면 그러한 순교자는 나타나지 않았을 것입니다. 그리고 부활이 없었다면 초대교회가 없는 것입니다. 하나님의 교회, 기독교는 존재하지 않는 것입니다. 이것을 기억해야 합니다.

반면에 만일 성경 말씀대로 부활이 사실이라면, 부활이 참 진리라면 어떻게 되는 것입니까? 모든 것이 뒤바뀌는 것입니다. 불신앙의 세계관, 지식, 소원, 가치관 이 모든 것이 뒤집어지는 것입니다. 그럴 것 아닙니까? 역사상 단 한 번 있는 사건인데, 거기서 모든 것이 깨지고 새로워집니다. 그러한 역사가 거듭남의 역사라는 것입니다.

예수님의 십자가와 부활로 인한 변화

예수님의 십자가와 부활을 알지 못할 때는 단지 세상 지식에 묻혀서 나 중심의 삶을 살았는데, 예수님의 십자가와 부활을 믿고 사건으로 영접하다 보니, 모든 것이 깨지고 부서지고 새로워지게 됩니다. 이제는 새로운 세계관을 향하여 새로운 가치관을 가지고, 새로운 지식과 생각으로, 새로운 소망과 새로운 믿음으로 살아가게 됩니다. 왜냐하면 육체의 부활, 이것은 완전히 새롭기 때문입니다. 예수님 이전에는 인류가 단 한 번도 확신을 갖지 못한, 꿈도 꾸지 못한 일입니다. 그런데 예수님이 부활하셨기 때문에 새로운 세계가, 새로운 인생관이 열린 것입니다.

영국의 저널리스트였던 프랭크 모리슨의 일화입니다. 그가 활동하던 당시, 그는 예수님의 부활을 믿는 기독교인들을 아주 못마땅하게 여기는 철저한 무신론자였습니다. 예수님의 부활은 아무런 과학적 근거도 없고, 이성적 사고와 논리도 없고, 맹목적인 신앙생활일 뿐이라고 비하하던 대표적인 인물입니다. 그래서 부활 사건이 거짓이고 허구임을 증명하기 위해 이스라엘에 가서 3년 동안이나 연구했습니다. 역사적인 문건과 책, 전문가들의 견해, 신학교의 논문들을 연구하면서 부활을 믿는 어리석은 기독교인들을 깨우치기 위한 책을 저술하기 시작했습니다. 그리고 마침내 『누가 돌을 옮겼는가』라는 책을 출간합니다.

그러나 처음 의도했던 것과는 정반대로, 그 책 내용은 예수님의 부활은 사실이고 진실임을 증명하는 증거들과 이야기들로 가득 차게 됩니다. 그 후 그는 하나님을 경외하는 신실한 크리스천이 되어 남은 생을 오직 십자가와 부활의 증인으로, 예수 그리스도의 증인으로 담대한 인생을 살았습니다.

성도 여러분, 오늘 이 시대에 가장 영적으로 악한 것은 바로 무관심입니다. 차라리 박해라도 있으면 그러한 부딪침을 통해 새로운 것을 깨닫기도 하고 직면하게 될 텐데, 아예 무관심입니다. 관심이 없습니다. "예수님이 부활하셨다." 관심이 없습니다. "예수님이 십자가에 죽으셨다." 역시 관심이 없습니다. "성령께서 역사하신다." 이것에 대해서도 마찬가지로 관심이 없습니다. 참으로 사탄의 권세가 세상을 사로잡고 있는 것을 보는 듯합니다. 무관심만큼 무서운 것도 없습니다. 그렇다 보니 무지하고 무감각해져 가게 됩니다. 불행하게도 교인들마저도 그런 것 같습니다. 상당수 교인도 십자가의 부활을 찬양하고 찬성하면서도 정작 복음에는 집중하지 않습니다. 그리스도를 아는 지식을 갈망하지 않습니다. 십자가의 도와 부활 사건에 몰입하지 않습니다. 그렇다 보니 추상적인 것이 되어버렸습니다. 모호하게 믿고, 때로는 의심도 하고 회의도 하며, 신앙인임에도 불신앙의 삶을 반복하여 살아가게 되는 것입니다.

부활 사건에 대한 역사적인 증거 – 빈 무덤

성도 여러분, 예수님의 부활은 역사적인 사건입니다. 여기부터 시작해야 합니다. 단 한 번 있는 역사적 사건입니다. 이것은 추상적인 사건도 아니요, 우연적인 사건도 아니요, 조작된 사건도 아니요, 신화도 아닙니다. 분명한 역사적인 사건이기에 역사적인 증거들이 있습니다. 이 점을 항상 기억해야 합니다. 성경은 그것을 기록하고 있습니다.

첫 번째 증거는 빈 무덤입니다. 무덤에 시신이 있어야 합니다. 분명히 시신을 놓고 큰 돌로 가로막았습니다. 그런데 장사한 지 3일 만에 빈 무덤이 되었습니다. 이것이 첫 번째 증거입니다. 성경이 그것을 증거합니다. 그 당시의 상황을 보면, 큰 돌로 입구를 막았습니다. 그걸 봉인했습니다. 이 돌은 몇몇 사람들이 움직일 수 있는 것이 아닙니다. 그뿐 아니라, 빌라도에게 부탁해서 로마 군병이 밤새 지키고 있었습니다. 혹시 거기서 어떤 조작이 일어날까 봐서요. 그런데 빈 무덤이 됐습니다. 이것이 증거입니다. 어떤 무덤이든 시신을 넣었으면 시신이 있어야 되는 것입니다. 그런데 갑자기, 홀연히 빈 무덤이 됐습니다. 그 사건을 성경은 기록합니다.

생각해 보십시오. 만일 빈 무덤이 되려면 인간의 논리는 도

둑질밖에 없습니다. 그러자 대제사장이 군병들에게 뇌물을 주면서 도적질해 가는 것을 봤다고 하라고 합니다. 그런 내용까지 성경에는 기록되어 있습니다. 하지만 제자들이 그 큰 돌을, 봉인을 떼어내고 몰래 돌을 움직였다는 것은 그 자체가 불가능합니다. 또한 로마 군병들이 지키고 있는데, 그 밤에 무슨 마술도 아니고 몰래 시신을 훔쳐갔다는 것은 더 큰 기적입니다.

마지막으로 만일 그들이 주장한 대로 시신을 훔쳐갔다고 가정해 봅시다. 그 시신은 어디 있는 것입니까? 도대체 그 시신을 어디다 갖다 놓은 것입니까? 결국은 드러나게 되는 것이거든요. 그래서 빈 무덤이 역사적 증거라고 성경은 기록합니다. 잘 아시는 대로 대표적인 종교인 불교나 이슬람교에서 최고로 자랑하는 것은 무덤입니다. 석가모니의 무덤, 그 뼈를 곳곳에 뿌리고 사원과 절을 지었습니다. 그걸 자랑하는 것입니다. 마호메트의 무덤, 신성시하며 아직도 그걸 자랑합니다. 그런데 기독교는 빈 무덤을 자랑하는 것이지요. 시신이 없습니다. 부활하셨기 때문입니다. 이것을 알아야 합니다.

부활 사건에 대한 역사적인 증거 – 목격자들

두 번째 역사적인 증거는 목격자들입니다. 증인들입니다.

본문에도 목격한 여인들이 기록되어 있습니다. 신약성경에는 5백여 명의 부활의 목격자들이 있었다고 기록하고 있습니다. 한 번 생각해 보십시오. 만일 세상 사람들이 얘기하는 대로 이 사람들이 거짓 증인들이라면, 그렇다면 그들이 다 순교할 수 있겠습니까? 못하지요. 눈으로 봤기 때문에 순교하는 것입니다. 더욱이 그것이 만일 조작된 거짓이라면, 그 5백여 명 중에 상당수가 폭로했을 것입니다. 이렇게 조작했고, 이렇게 세뇌 당했다고 결국에는 폭로했을 것입니다. 그러나 전혀 그런 기록이 없습니다. 그것이 증거입니다.

무엇보다도 부활과 승천을 기록한 성경 기록에 있어 그 증인들이 그 당시에 있었다는 것입니다. 예수님이 죽으신 후, 부활하시고 승천하신 지 얼마 후에 이런 증언들이 있었습니다. 세대가 지나고 시간이 흐르면서는 그런 조작이 있을 수 있습니다. 그런데 그 당시에 이런 증언이 있었다는 것은 그것이 사실이기 때문입니다. 그래서 기록된 것입니다. 예를 들어, 불교에서 극락을 얘기하며 부처가 살아났고 살아 계신 부처라고 말하는 것은 석가모니가 죽은 지 수백 년 후에 그들의 신앙이 만들어낸 것입니다. 추상적인 것입니다. 역사적인 사건일 수가 없습니다. 적어도 석가모니가 죽은 그 당시에는 할 수 있는 말이 아닙니다. 왜냐하면 무덤이 있고 뼈가 있으니까요. 그러나 몇

백 년 후에는 살아나신 석가모니, 부처님을 말하며 극락이 있다는 말을 할 수 있습니다. 그들의 신앙이 사건을 만들어가는 것입니다. 이것을 종교라고 하는 것입니다.

그러나 부활의 사건은 이 성경 기록 이전에 이미 편지로 사람들 사이에 전해졌습니다. 편지들이 있는데, 목격자들이 쓴 것입니다. 이것이 이 일의 증거인데, 예수님의 부활 승천 후 불과 10여 년 후부터 나타나기 시작합니다. 상당수의 목격한 사람들이 살아 있기 때문에 가능한 것입니다. 그게 증거입니다. 만약에 조작된 것이라면, 그들 대다수가 아니라고 말했을 것입니다. 그렇다면 기독교는 허구라고 말할 수밖에 없었을 것입니다.

부활 사건에 대한 역사적인 증거 – 부활 사건의 영향력

세 번째 증거는 부활 사건의 영향력입니다. 목격자들이 하나같이 변했습니다. 그것이 증거입니다. 부활의 목격자들은 즉시 변했습니다. 오랜 시간 교육하고, 오랫동안 프로그램을 운영하고 한 것이 아닙니다. 그것은 종교이지요. 그러나 기독교의 역사는 믿는 즉시 변화됩니다. 갑작스러운 모든 증인의 변화가 부활 사건의 증거입니다. 그들 모두가 복음의 증인으로 십자가 부활을 증거하며, 하나님의 일에 헌신하며 순교했습니다. 당시 상황은 오늘과 완전히 다릅니다. 예수님을 믿고 따를 때 죽이려고 들었고 박해했습니다. 그래서 악한 황제들에 의해서 로마 광장에 끌려가 사자의 먹이가 되었습니다. 그런 비참한 상황에 처했음에도 불구하고 거침이 없었습니다. 왜냐하면 부활을 봤기 때문입니다. 부활을 목격했기 때문에 그들은 부활의 증인으로 살아갈 수밖에 없습니다. 새로운 차원의 세상을 보고, 부활의 소망 속에 담대한 인생을 살았던 것입니다.

특별히 제자들을 보십시오. 십자가 사건 앞에서 다 초라해지고 무서워서 도망갔지만, 예수님의 부활 사건 이후에는 완전히 다른 사람이 됩니다. 갑자기 딴 사람이 됩니다. 왜냐하면 십자가의 죽음을 분명히 봤기 때문입니다. 예수님이 부활하셨기 때문입니다. 그 사건 속에 예수님의 모든 말씀이 충격을 줍니다. '다 사실이구나. 그분이 말씀한 것은 다 이와 같이 사실이구나. 이게 사건이구나.' 굳센 믿음을 가지고 새로운 차원의 위대한 하나님의 사람으로의 삶을 시작하게 됩니다.

특별히 본문 8절에 부활의 증인들의 모습이 간략하게 기록됩니다. 부활을 목격한 여인들이 무서움과 큰 기쁨으로 빨리 무덤을 떠나 제자들에게 알리려고 달음질합니다. 부활의 증인들이 갖는 그 마음의 상태, 그리고 그 충격을 성경은 '무서움과 큰 기쁨', 이 두 언어로 표현합니다. 오늘도 부활 신앙으로 구원

의 확신을 갖고 부활 사건을 묵상하는 자에게는 이 두 마음의
상태가 항상 주어집니다. 바로 두려움과 기쁨입니다. 그런데
이것은 형벌이나 공포, 심판으로 인한 두려움이 아니라 경외입
니다. 너무나 신비로운 것을 본 것입니다. 십자가에 죽는 것을
분명히 봤는데, 그리고 예수님을 무덤에 두었는데, 3일 만에 다
시 부활하셨습니다. 얼마나 놀랐겠습니까! 이 두려움을 경외
라고 합니다. 신비로운 하나님의 역사에 대한 그 응답, 경외로
가득 찹니다. 오늘도 부활 신앙을 갖고, 부활을 깊이 묵상하는
자에게 성령께서 이 마음을 주십니다.

더욱이 그 중에서 몇몇은 생각했을 것입니다. '정말 말씀대
로 부활하셨네. 예수님께서 3일 만에 부활하신다고, 성경에서
3일 만에 부활하실 것이라고 하셨는데 이 모든 것이 말씀대로
성취되었다.' 그 진리 앞에 그들은 경외의 마음 말고는 다른 마
음을 가질 수가 없는 것입니다. 동시에 그들의 마음에 큰 기쁨
이 있었습니다. 그럴 것 아닙니까! 새로운 세상이요, 새로운 영
광을 봤습니다. 죽은 자가 살아났습니다. 그 감격, 그것은 세상
이 주는 감격이 아니지요. 세상을 이긴 기쁨이지요. 영광의 기
쁨이요, 영원한 기쁨입니다. 부활 신앙의 증인에게 주시는 성
령의 선물입니다.

그리고 그들은 그 사실을, 예수 부활을 즉시 전파합니다. 성

경은 이렇게 기록합니다. "빨리 무덤을 떠나 알리려고 달음질하였다." 저나 여러분도 그 자리에 있었다면 이렇게 했을 것입니다. 분명 십자가에 죽으셨는데, 피 흘려 죽으셨는데 다시 살아나셨습니다. 부활하셨습니다. 그 증인이라면, 즉시 내가 아는 사람들에게, 가까운 사람들에게, 혹시 모르는 사람에게까지도 말했을 것입니다. 예수 부활하셨다는 소식을 전하기 위하여 뛰어간 것입니다. 이 얼마나 놀라운 역사입니까!

부활의 메시지와 부활 신앙의 사람들

성도 여러분, 부활 신앙의 사람들은 오늘도 마찬가지입니다. 이러한 변화와 신령한 체험을 하며, 그 신앙으로 오늘을 살아가는 것입니다. 그런데 이런 변화, 이러한 경외와 큰 기쁨이 내게 없다면, 그리고 복음을 전하지 못한다면, 부활 사건은 내게 애매한 것이 됩니다. 추상적인 것이 됩니다. 오늘의 문제로 생각하지 않는 것입니다. 그 메시지를 잃은 것입니다. 이것이 엄청난 사건임을 알지 못하는 것입니다. 어느덧 불신앙 가운데 있는 것입니다. 그래서 어떠한 변화도 체험할 수 없는 것입니다.

부활의 메시지의 기록에 의하면, 이 단 한 번의 유일한, 이 하나님의 계시적 사건 속에 나타난 하나님의 말씀을 들어야 합니다. 단지 놀라고 기뻐하라고만 주신 사건이 아닙니다. 그 안에 메시지가 있습니다. 성경은 그것을 우리에게 다양하게 알려주고 있습니다. 먼저, 하나님의 살아 계심을 부활이 증거합니다. 이는 하나님이 일으키신 사건입니다. 하나님이 그 아들을 이 땅에 보내시고, 십자가에 죽게 하시고, 부활하게 하신 이 모든 것이 하나님의 경륜이요, 하나님의 역사입니다. 살아 계신 하나님의 역사하시는 이 일이 있었음을 다시 한 번 확증하게 됩니다. 최후의 확증입니다.

동시에 하나님의 신실하심을 고백하게 됩니다. 왜냐하면 갑자기 있는 사건이 아닙니다. 약속대로 이루어진 사건이요, 말씀대로 성취된 사건이요, 이미 예언된 것이 이루어진 것입니다. 성경대로 그대로 되었습니다. 하나님은 성경대로, 말씀대로, 그 뜻대로 반드시 행하십니다. 하나님의 신실하심을 다시 한 번 체험하는 것입니다. 깜짝 놀라는 것입니다. '성경대로 모든 것이 되고, 되어갈 것이구나! 아, 신실하신 하나님!' 찬양하게 됩니다.

그리고 부활 사건 속에서 육체의 부활에 대한 확신을 갖게 됩니다. 이것은 추상적인 사건도 아니요, 영혼불멸도 아닙니다. 모든 인류가 이와 같이 부활할 것을 깨닫게 됩니다. 이것은 새로운 몸이요, 부활의 육신입니다. 그리고 최후의 심판대 앞에서야 합니다. 말씀대로 그 최후의 심판 안에서 세상에서의 삶에 대한 책임을 질 날이 옵니다. 그날을 통해서 인류는 두 부류, 곧 천국이냐 지옥이냐로 나뉩니다. 중간은 없습니다. 이것을 다시 한 번 확신하게 되는 사건이 예수님의 부활 사건입니다.

더 나아가 예수님의 부활은 나의 부활에 대해 확신을 하게 합니다. 예수 믿기 전에는 이생의 육신의 삶이 전부인 줄 알았는데, 육신의 생명이 끝나서 이 세상을 떠나도 더욱 큰 생명의 세계가 있다는 것을 확신하게 됩니다. 그러므로 이 세상에 매이지 않는 것입니다. 세상을 이기며 살아가게 됩니다. 예수 믿기 전에는 세상을 소망했지만, 이 부활 신앙만은 믿음의 생각이 확장되어 천국을 소망하며, 하나님 나라와 의를 먼저 구하는 삶을 구체화하며 오늘을 살아가게 역사합니다.

또한 예수님의 부활 사건은 내 삶에 변화를 일으킵니다. 죽은 다음에 변화되어 천국에 간다는 이야기가 아닙니다. 오늘의 변화입니다. 정말 부활 신앙을 갖게 되면 즉시 변화됩니다. 예수 그리스도의 사람으로 살기를 갈망하고, 그리스도를 아는 지식을 갈망하고, 십자가와 부활의 증인으로 변화됩니다. 이 땅에서 영생의 삶을 살며, 부활 생명을 가지고 부활의 지혜와 능력으로 살아가기를 바라며, 하나님께 영광 돌리는 삶을 살아가게 됩니다. 성도 여러분, 에덴낙원의 설립 목적이 바로 여기에 있습니다. 하나님의 사람은 이 땅에서 부활 생명으로 살아가는 사람입니다. 부활의 지혜와 능력과 권세로 믿음 안에서 살아가는 사람입니다. 그 삶의 변화가 오늘로부터 나타나며, 죽음으로부터 나타나며, 전 생을 통해서 예수님의 십자가와 부활을 증거하는 삶으로 나아가야 하기 때문입니다.

믿는 자를 변화시키는 부활 신앙

미국의 콘웰 신학대학원을 세운 러셀 콘웰 박사의 일화를 하나 소개하겠습니다. 그는 남북전쟁 때의 군인으로 실존 인물입니다. 전쟁 중 어느 날 불리해진 전황에서 급히 후퇴하느라 그만 지휘도를 떨어뜨리고 왔는데, 뒤늦게 그 사실을 알았습니다. 당시 상황에서 이것은 너무도 수치스러운 일이었습니다. 그런데 적진으로 다시 갈 수가 없습니다. 죽음을 무릅쓰고 해야 될 일이니까 두려워서 갈 수가 없었습니다. 그래서 안절부절못하고 있는데, 링이라는 한 소년 병사가 이 사실을 알고 목숨을 걸고 적진으로 가서 그 지휘도를 찾아서 가져옵니다. 하지만 오는 도중에 총에 맞아서 죽게 되었습니다.

이 지휘도를 전할 때 소년 병사가 이런 말을 남겼습니다. "대령님, 저는 죽음이 두렵지 않습니다. 부활하신 예수님께서 늘

저와 함께 계시기 때문입니다." 그런데 당시 콘웰은 무신론자였습니다. 그는 이 사건 앞에서 큰 충격을 받습니다. 어린 소년의 이 고백 속에서 말이지요. 그래서 그 시신 앞에서 꿇어 엎드려 이렇게 외쳤다고 합니다. "오, 하나님! 이 어린 병사 앞에서 어떻게 하면 좋겠습니까?"

부활을 믿는 한 소년의 죽음 앞에서 이 무신론자는 살아 계신 하나님을, 살아 계신 예수 그리스도를 믿게 되었습니다. 그리고 이 위대한 복음을 증거하며 살아야겠다고 다짐합니다. 그는 전쟁 후에 신학교에 입학하고, 38세에 목회자가 됩니다. 그리고 82세에 타계할 때까지 예수님을 전파하면서 복음의 증인으로 담대한 인생을 살았습니다.

성도 여러분, 세상에 수많은 사건이 있습니다. 전쟁이 있고, 기근이 있고, 질병이 있고, 알지 못하는 위험이 있고, 고통과 고난이 있습니다. 항상 역사 안에 있습니다. 앞으로도 있을 것입니다. 그 속에서 인간은 두려워하고, 절망하며, 근심 속에 살았습니다. 그런데 이 모든 문제의 해결책이 있습니다. 무엇입니까? 오직 복음입니다. 부활 신앙, 이 부활 신앙이 아니라면 세상을 이길 수가 없습니다. 이런 시련과 고통을 넉넉히 이길 힘을 갖지 못합니다. 그러나 부활 신앙을 가진 사람은 예수님과 같이 신령한 세계를 바라보고, 영광의 세계를 바라보고, 살아 계신 하나님을 바라보고, 새로운 지식과 생각과 소망과 믿음으로 승리하게 되는 것입니다.

성도 여러분, 진실로 부활 신앙은 사람을 변화시킵니다. 믿는 자는 자신을 변화시킵니다. 내 안에 그런 변화가 나타나지 않았다면, 아직 십자가와 부활에 대한 이해가 잘못됐고, 믿음이 온전하지 못한 것입니다. 그리스도의 신앙은, 구원에 대한 믿음은 예수 그리스도 안에 있습니다. 십자가와 부활 사건 안에 있습니다. 그 신앙으로 부활 사건에 참여한 믿음을 가질 때 모든 것이 새로워집니다. 새로운 소망을 갖고 이 세상에서 담대하게 예수님의 십자가와 부활을 증거하게 되며, 하나님께 영광 돌리는 삶을 살게 됩니다. 이제는 부활 생명으로 살며, 부활의 지혜와 능력으로 살며, 부활의 권세로 승리하는 삶을 기뻐하며, 고백하며, 나타내게 됩니다.

기도

전지전능하신 은혜의 하나님, 예수 그리스도 안에서 살아 계신 하나님을 나타내시고, 예수님의 십자가와 부활 안에서 하나님의 지혜와 능력을 계시하시어 부활 신앙을 가지고, 신령한 세계를 바라보며, 영원한 세계를 갈망하며, 하나님만을 소망하며, 영광된 삶을 살게 해주심을 진심으로 감사드립니다. 온 인류가 죄와 사망의 권세 아래에서 세상의 종으로 살아갈 수밖에 없는 어리석은 죄인이지만, 오직 예수님의 십자가와 부활 사건으로 말미암아 그 복음을 믿는 자에게 새 마음을 주시고, 새로운 영을 주시고, 새로운 부활의 소망을 갖게 하시어 이 땅에 사나 부활 생명으로 살며, 세상 속에 사나 부활의 지혜와 능력으로 살아 승리하는 삶을 살게 해주심을 진심으로 감사드립니다. 성령이시여, 주가 부르시는 그날까지 예수 그리스도 안에 연합한 부활의 신앙으로 담대한 인생을 살며, 하나님의 뜻에 순종하며, 하나님께 영광 돌리는 은혜의 삶을 살아갈 수 있도록 함께하여 주시옵소서. 주 예수 그리스도의 이름으로 간절히, 간절히 기도드리옵나이다. 아멘.

기록워